戦間期
オーストリアの学校改革

～ 労作教育の理論と実践 ～

*Die Österreichische Schulreform
der Zwischenkriegszeit*

Theorie und Praxis der
Arbeitsschule

伊藤 実歩子

東信堂

はしがき

　1980年代後半から、欧米各国はそれぞれに教育改革に着手してきた。21世紀、その傾向は加速し、政治・経済の新自由主義の流れに翻弄されながら、各国は教育改革に取り組んでいる。まさに、現代は教育改革の時代である。それは、たとえば各国がOECDによる国際学力調査であるPISA (The Programme for International Student Assessment) のランキングに一喜一憂したことに端的にあらわれている。教育改革の成果が、ボーダレスでグローバルな一定の指標で測定されているのである。しかし、そこでは教育改革の本来の姿を検討する視点は抜け落ちているように思われる。すなわち、何のための教育改革か、だれのための教育改革か、そしてその改革の担い手はだれなのかという視点である。

　教育改革とは何か。国は、学校は、教師は何をすれば教育を改革することになるのか。その最も基本的な姿が、第1次世界大戦後、小さな国として出発しなければならなかったオーストリアの教育方法史にある。

　音楽の都、芸術の都として知られるオーストリアのウィーンが、「教育のメッカ」と呼ばれた時代があったことを知る人はほとんどいない。日本はもとより、本国オーストリアでもあまり知られていないのが実情である。しかしながら、現在のフィンランドのように、かの地の教育改革の視察に、世界中から多くの人々が訪れていた時代があった。本書は、その1920年代のオーストリアの教育改革に関する研究である。

　本書のタイトルである「オーストリアの学校改革」は"Die österreichische Schulreform"という原語をもとにしている。辞書的な解釈では学制改革と訳される"Schulreform"に学校改革という訳を当てたのは、オーストリアのこの改革

が、教育制度だけではなく、行政と教師がまさに"Schul(e)"（学校）を改革することを、ともに実践してきたからである。ドイツで生成した改革教育学の諸理論が、公教育の枠組みの中で大規模に実践（実験）されたことに、この戦間期オーストリアの改革の歴史的な意義がある。このようなオーストリアの「学校改革」の実践に──教育実践としても、教育改革の実践としても──、現代に示唆を与える教育改革の原型が見られると考える。

　この時代の教育に関する研究は、ドイツの改革教育学、ヨーロッパ各地で見られた新教育運動、アメリカではデューイに代表される経験主義教育、日本では大正自由教育に関するものが多い。この中で、本書で取り扱うオーストリアの教育改革は、ドイツの新教育運動の流れを汲むものとみなすことができる。本書では、この戦間期オーストリアの教育改革を、隣国ドイツの影響を大きく受けつつも、独自の実践的な展開を見せたものとしてとらえる。そのために、教育制度、カリキュラム、指導の方法と技術、教育評価および教員養成、そしてこれらを支えた労作教育という教育理論を明らかにし、この教育改革で見られた教育実践を描くことで、この改革の意義を検討する。

　改革の各領域を総論的に概観するのは、何もオーストリアの教育が知られていないからという理由だけではない。

　従来、ドイツの新教育運動においては思想や理論が先行し、改革の対象も新興階級に限定されたと評されてきたように、前世紀末に勃興した教育改革は、ある特定の理論家と限定的な階層や地域の改革を取り上げてきた。日本においても、これらの研究は、教育思想としての輸入につとめていた戦前の研究にはじまり、戦後の批判的研究も含め、十分に紹介・検討されてきた。それゆえ、現在では、ドイツの新教育運動や改革教育学に関する研究も減少する傾向にあるように思う。

　しかしながら、本書では、労働者階級を含むすべての子どもたちに対する公教育の改革が、限られた期間であったにせよ、一つの国家の改革として成立した戦間期オーストリアの学校改革に、教育方法学的な視点から再検討を試みたい。当時、世界的な潮流であった新教育運動は、「子どもからの教育」を目指して出現した。子どもからの教育の実現のためには何が必要であるのか。

それを明らかにするために、政治家と教育学者、行政と教師が協力あるいは対立する様子、教育理論が教育実践の中で展開していくこと、具体的には、労作教育という理論が郷土科や労作共同体、評価の実際の取り組みの中で新たな展開を見せたこと、またそのために理論と実践を支える教育環境が整備されたという事実を、可能な限り当時の史料にあたり描くことにつとめてきた。これまで、多くの教育史、教育方法史は、改革を成立させるこのような複数の事実をあまり語ってこなかったように思う。おそらく、そのような事実はあったのだが、一人の理論家を浮かびあがらせるばかりに、無名の人々や制約された事実は消されてしまったのだろう。しかしながら、現代に必要なのは、先に述べたように、教育改革とは何かという議論であり、その土台として、教育史上において無名の人々によってなされた戦間期オーストリアの教育改革を示したい。

　すべての子どもたちに質の高い教育を保障しようとした、教育改革の根元的な取り組みが無名の人々によって成立した、小さな国の小さな歴史をこれから紐解いていこう。

目　次／戦間期オーストリアの学校改革

はしがき………………………………………………………………… iii

序　　章 …………………………………………………………… 3

第1節　オーストリア第一共和国の誕生と学校改革 ……………… 3
第2節　学校改革と改革教育学 ……………………………………… 5
第3節　戦間期オーストリアにおける学校改革の構造 …………… 7
　　　　——「内なる改革」への着目の根拠——
　　第1項　統一学校と労作学校　　　　　　　　　　7
　　第2項　統一学校をめぐる保守と革新の対立　　　9
　　第3項　「内なる改革」と労作教育　　　　　　　11
第4節　研究の対象と課題 ………………………………………… 13
第5節　章構成 ……………………………………………………… 16
注 …………………………………………………………………… 17

第1章　戦間期オーストリアのレーアプラン改革 ………… 19
　　　　——オットー・グレッケルの改革理念に焦点をあてて——

第1節　レーアプラン改革までの道程 …………………………… 19
　　　　——グレッケルの生涯と学校改革局——
　　第1項　グレッケルの生涯　　　　　　　　　　　19
　　第2項　教育省学校改革局の設置　　　　　　　　22
第2節　レーアプランにおける三つの原則 ……………………… 24
　　第1項　「枠組み」としてのレーアプラン　　　　24
　　第2項　郷土化の原則　　　　　　　　　　　　　26
　　第3項　合科教授の原則　　　　　　　　　　　　27
　　第4項　労作の原則　　　　　　　　　　　　　　29
第3節　レーアプラン改革を支えたもの ………………………… 30
　　　　——教科書開発——

第4節	学校改革に対する批判 ………………………………………	32
第5節	戦間期オーストリアの学校改革の成果 ………………………	36

  第1項 出席率と落第率の改善 37
  第2項 レーアプラン改革の質的成果 38
  第3項 実験学校の様子——ナトルプシューレの思い出として—— 40
 注 ……………………………………………………………………… 43

第2章　戦間期オーストリアの教員養成改革 ……………………… **47**

第1節　グレッケルの教員養成改革に対する理念 ………………… 48
  ——教員の貧しさと子どもの貧しさ——
第2節　教育省時代の教員養成改革への取り組み ………………… 49
第3節　ウィーン教育庁における教員養成改革 …………………… 51
  第1項　現職教育コースの設置 51
  第2項　教員養成コースの設置 54
第4節　教員養成改革を支えた環境 ………………………………… 58
  第1項　教育中央図書館の整備と教育雑誌の普及 58
  第2項　教員集団の支持 59
 注 ……………………………………………………………………… 61

第3章　エドゥアルト・ブルガーの労作教育論 …………………… **63**
  ——その目的論に焦点をあてて——

第1節　学校改革の理論的背景の存在 ……………………………… 63
第2節　ブルガーの労作教育論の位置づけ ………………………… 65
  第1項　改革教育学における位置づけ 65
  第2項　日本における位置づけ 67
第3節　ブルガーの労作の定義 ……………………………………… 69
  第1項　普遍的な原理としての労作教育 70
  第2項　労作における認識の問題 72
  第3項　労作と社会との関連 72

第4節　ブルガーの労作教育における目的論 …………………………… 74
　　　　──「人間陶冶」──
　　第1項　ケルシェンシュタイナーとの比較──「職業陶冶」と「人間陶冶」── 75
　　第2項　ガウディヒとの比較──「人格形成」と「人間陶冶」── 76
第5節　ブルガーの目的論の特質 …………………………………… 77
　　　　──「経済的価値」という下位目的──
第6節　労作教育の方法としての自己活動 ………………………… 78
　　　　──ガウディヒとの再比較──
　　第1項　自己活動におけるガウディヒとの比較　　79
　　第2項　方法としての自己活動　　80
注 ……………………………………………………………………… 83

第4章　エドゥアルト・ブルガーの労作教育実践論 ………… **85**

第1節　実践家としてのブルガー ………………………………… 85
第2節　ブルガーの実践的段階 …………………………………… 86
　　第1項　把握の労作　　87
　　第2項　精神的労作　　88
　　第3項　表現の労作　　89
第3節　労作教育による郷土科の実践モデル …………………… 91
　　第1項　実践モデル①　　92
　　第2項　実践モデル②　　94
　　第3項　実践モデル③　　98
第4節　ブルガーの労作学校教師論 ……………………………… 102
注 ……………………………………………………………………… 104

第5章　戦間期オーストリアの労作共同体の取り組み ……… **105**
　　　　──労作教育の新たな展開──

第1節　労作教育の新たな展開 …………………………………… 105
第2節　ブルガーの労作共同体論 ………………………………… 106
　　第1項　労作教育と労作共同体　　107

第2項　ブルガーの労作共同体論——「人間陶冶」という目的論をふまえて——　108
　　　第3項　ブルガーの労作共同体論の実践理論　109
　第3節　戦間期オーストリアにおける労作共同体の取り組み …………111
　　　第1項　取り組みの特色　111
　　　第2項　取り組みの指針　113

　第4節　労作共同体の実践 ……………………………………………………115
　　　——子どもの自己評価導入に焦点をあてて——
　注 ……………………………………………………………………………………119

第6章　戦間期オーストリアの評価改革 ……………………………………121
　　　——第2次世界大戦後に継承された記述式評価——
　第1節　記述式評価の導入 …………………………………………………121
　第2節　労作教育が目指す能力 ……………………………………………123
　第3節　記述式評価の変容 …………………………………………………124
　　　——共通質問項目から自由記述式へ——
　　　第1項　1919年の記述式評価　124
　　　第2項　1922年の共通質問項目による評価　125
　　　第3項　1928年の自由記述による評価——評価観の転換——　128
　　　第4項　能力観の変容——態度欄評定の削除に着目して——　130
　第4節　評価改革と労作共同体の取り組みの関係 ……………………131
　第5節　第2次世界大戦後に引き継がれた評価改革 …………………133
　　　第1項　1947年と1949年——ウィーン教員組合と教育省の動き——　133
　　　第2項　学級記述式評価の導入　135
　　　第3項　戦間期と戦後の評価改革の比較——「教育評価」への歩み——　136
　注 ……………………………………………………………………………………137

第7章　オーストリアにおける学校改革の「伝統」……………139
──「陶冶学校」に焦点をあてて──

第1節　レーアプランの継承 ………………………… 139
──1920年代の労作教育の影響──

第2節　「復古」か「改革」か？ ……………………… 140
第1項　エンゲルブレヒトとシュネル論争　　140
第2項　政治的対立を超えた見方──オレヒョフスキー──　142

第3節　「陶冶学校」の登場 …………………………… 143

第4節　「陶冶学校」とは何か ………………………… 145
第1項　陶冶学校の定義　　145
第2項　陶冶学校とは何か　　146

第5節　「陶冶学校」から見る戦間期オーストリアの学校改革の意義 … 149

注 …………………………………………………… 152

終　　章 …………………………………………………… **155**

第1節　本研究の成果 …………………………………… 155
第1項　「内なる改革」の成果　　155
第2項　ブルガーの労作教育論の実践的側面　　157
第3項　第2次世界大戦後に見られる戦間期オーストリアの学校改革の影響　159

第2節　本研究に残された課題 ………………………… 160

注 …………………………………………………… 161

引用文献・参考文献一覧　　163

あとがき　　169

索　引　　172

装丁：田宮俊和

戦間期オーストリアの学校改革
―― 労作教育の理論と実践 ――

Die Österreichische Schulreform der Zwischenkriegszeit
－Theorie und Praxis der Arbeitsschule－

序　章

第1節　オーストリア第一共和国の誕生と学校改革

　1918年、第1次世界大戦の敗戦とともに、同年10月ハプスブルク帝国が崩壊し、社会全体が混乱を極める中、独立の小国家としてオーストリア第一共和国の成立宣言が出された。これによって、オーストリアはその広大な領土を失い、多くの負債を抱え、旧帝国領内からの食糧の搬入経路を絶たれた国民を飢餓と貧困に陥れた。旧帝国において11の民族を統治してきたオーストリア・ドイツ人は取り残され、さらに連合軍からの反対によってドイツとの合邦への希望も絶たれた。彼らには一つの小独立国家を樹立する道のみが残されたのである。

　これまでオーストリアの運命は、ハプスブルク家と密接に結びついていたので、その帝国が崩壊したとき、後に残されたオーストリア人は、新しい国家に対する意識の変革を迫られることになった。すなわち、もはや広大な領地から得られる原材料や食糧、あるいは労働力に依拠することができない小国の経済の自立的建て直しという課題を、この新しい共和国は背負わされていた。そしてそれは何よりも、教養と技術を持ち、判断能力のある質の高い労働力を育成する教育の再構築という課題に直結していた。

　改革以前のオーストリアでは、生活のために働かざるを得ない子どもたちが、13歳児から14歳児の子どもたちのおよそ半数、6歳児から8歳児の7-8％にのぼり、彼らの多くは朝早くから夜遅くまで工場や居酒屋で働かなくてはならない状況に置かれていた[1]。このような子どもたちは当然、学校へ行くことを許されず、かろうじて行ける子どもたちもその階級、出自、信仰によって進学の選

択肢を非常に厳しく制限されていたのである。

　子どもたちの生活の悲惨さは住環境においても同様であった。ウィーンでは1860年代から、中世以来街を囲っていた城壁を取り壊し、リング通りを造営することによって街の大改造が始まっていた。このため、地方からの労働者の流入によって急速に大都市化していったウィーンの人口は、1860年代の80万人から、1910年には200万人へと爆発的に増加したことによって、街は深刻な住宅不足に悩まされることとなった。そのあおりを受けたのが労働者階級であり、彼らの多くは上下水道設備のない賃貸住宅に、通常2-3部屋に2家族、6人から10人が住んでいたとされる。このため、ウィーンでは住宅政策が重要な課題として取り組まれ、60,000棟を超える公営住宅が建設された。また、上記のような劣悪な住環境に起因して、当時「ウィーン病」と呼ばれた結核の蔓延や高い乳幼児死亡率への対策も緊急の課題であった。社会福祉政策として、病院建設や医学研究所の設置、あるいは幼稚園や養老院の建設が急がれねばならなかったのである[2]。

　これらの社会民主党主導の社会政策によるウィーン再建は、いわゆる「赤いウィーン(Rote Wien)」として注目を浴びた。戦間期オーストリアの学校改革は、住宅政策や社会福祉政策と密接に関連しながら、200万人以上を抱える大都市の子どもたちに教育の機会を保障すること、さらには学校教育の内実の問題として、子どもたちが学ぶ喜びを享受できる授業の改革を課題として始まったのである。

　このような状況下で、学校改革はまさに国家の成立と存続に必要な改革として着手された。これを指揮したのが、オットー・グレッケル(Otto Glöckel, 1874-1935)である。1919年2月の選挙で、社会民主党のカール・レンナー(Karl Renner, 1870-1950)が首班となって組閣した第1次連合政府に、教育省次官として入閣したグレッケルは、すぐさま学校改革に着手した。戦間期オーストリアの学校改革には「共和国の、民主主義の、そして社会的な」[3]改革としての課題が山積していたのである。

　入閣後すぐにグレッケルは、教育省に「学校改革局」という専門部局を設置し、そこに教育の専門家を招聘した上で、翌年1920年5月には、改革の基礎となる「学

校の一般構造に関する指針」を発表した。そして、同年9月には新しいレーアプラン[4]を実施、またそれと同時並行的に教員養成改革や評価改革に着手するなど、グレッケルは迅速な改革の推進にその手腕を大いに発揮した。しかしこの連立政権は長くは続かず、わずか19カ月で、選挙に敗れた社会民主党が政権を離れることによって、党員であったグレッケルもその地位を追われた。しかしながら、その後グレッケルはウィーン教育庁に場所を移して改革を続行し、それはオーストリアにファシズム政権が誕生し、彼が逮捕される1934年まで続いたのである。

第2節　学校改革と改革教育学

　以上は、戦間期オーストリアの学校改革にいたるまでの政治的背景および社会的背景であるが、この改革を当時の教育学の流れからも概観しておきたい。戦間期オーストリアの学校改革は、世界的な傾向として見られた「子どもからの教育（Pädagogik vom Kinde aus）」を目指した新教育運動の流れに位置づけられる。とりわけ、この新教育運動の中心的存在であった1895年から1933年までのドイツにおける「改革教育学（Reformpädagogik）」に影響を受け、またその運動の一つに含めることができる。ドイツの改革教育学に関する文献において、オーストリアの学校改革に言及したものは非常に限られている。それは、オーストリアという小国において行われたということ、またドイツの各地で見られたようなカリスマ的な理論家が輩出されなかったことによるものと推測できる。しかしながら、エルカース（Jürgen Oelkers, 1947-）は、『改革教育学』の中で比較的多くの頁をオーストリアの学校改革に割いていることから、戦間期オーストリアの学校改革は、ドイツの改革教育学の中では、少なくともその周辺に位置づけられる。エルカースは、ドイツの改革教育学の特徴を「ジャーナリズム的であったが、実践的ではなかった」とする一方で、オーストリアの学校改革は、「フォルクスシューレ全体を変容させるもの」であったとして、まず、その実践的な側面を高く評価している[5]。

　さらに、エルカースは、オーストリアが国家の成立という条件下においてド

イツと類似した問題を抱える状況にあったこと、また両国ともに突然に社会民主党が与党となった点を指摘しながらも、同時代におけるドイツの教育改革とは異なるものであったとする。それは、オーストリアの学校改革が、すべての子どもたちを対象にし、「労働者や農家の子どもたちのように不利な状況に置かれた多くの人々」の「構造的な修正とブルジョワ階級の教育特権への攻撃」を目的としていた点である。これを、エルカースは、「グレッケルの学校改革は、改革教育学と社会主義を結びつけ、また行政が支援する政治的な学校改革への道を拓いた」と評価し、戦間期オーストリアの学校改革の特徴とした[6]。

現在では、戦間期オーストリアの学校改革をエルカースのように改革教育学に位置づけ検討している研究はほとんど見当たらない。しかしながら、改革当時においては、エルカースと同様の評価をしているものが散見される。その中に例えば、ジーグル（May Hollis Siegl）やパパネック（Ernst Papanek）、ドットレンス（Robert Dottrens）らによる英文献の研究がある。ジーグルは、「オーストリアの初等教育における改革は、まず、国家の学校システムの改革として意義がある」と述べ、オーストリアの改革の基礎となった改革教育学の諸理論が「厳しくテスト」されるものだったとしている。それは、「一学級しかないような地方の学校から、さまざまな社会階級を含んだ数百人の子どもを抱える学校まで」すべての学校を対象とし、改革のために必要な法整備を行うことによって改革を支援したことにあるという[7]。パパネックは「オーストリアの学校改革は、教育的にも、社会的にも、政治的にも孤立した現象ではなかった」とし、これら三つの要因が相互に関連した改革だとみなしている[8]。ドットレンスも、「現代の教育科学の原理（改革教育学を指す——引用者注）と国の社会理念が適応した」公教育システムを確立させた改革として評価している[9]。

日本におけるオーストリアの教育に関する研究は、現代のものを含めても決して多いとはいえない。それでも、1920年代から1930年代にかけては、戦間期オーストリアの学校改革は、ドイツの改革とあわせて紹介されることがたびたびあった。たとえば、当時の文部省の視察団による『墺太利ノ新教育制度』(1934年)がある。これは上述のドットレンスが、スイスで出版した『The New Education in Austria』(1930年)をほぼ訳出したものであるが、少なくとも、当時

の日本においても戦間期オーストリアの学校改革は注目されていたということを示している。

　より具体的に改革の特徴を把握している研究としては、上村福幸が「その改革たるや、獨逸の如く少数の進歩的都市又は創造的教育家の、分散的なる個々事業に反し、運動は國内一齊に行はれ、国家の主導の下に統制されたのであつたから、その実行に於ては最も廣く行はれたのである」[10]と、改革の及んだ範囲について言及している。これも、同時代のドイツの新教育運動が、特定の地域あるいは教育者に限定されていたことに対し、オーストリアは小国ながらも、一つの国家としての改革を実現させた点を評価したものといえる。

　これらの先行研究は、戦間期オーストリアの学校改革を、国家の改革と改革教育学が学校改革として結実したものとしている点で共通している。そこで次節では、国家の改革としてグレッケルがどのような学校改革の構想を立てていたのかを明らかにしたい。

第3節　戦間期オーストリアにおける学校改革の構造
――「内なる改革」への着目の根拠――

第1項　統一学校と労作学校

　グレッケルの改革への理念を示す一つのことばがある。

　「学校は未来へと開かれた扉である」。

　学校を子どもたちの未来を拓くものにするために、グレッケルは特に、「教育特権の解体と最終的な廃止」と「知識を自主的に獲得するための方法の導入」が必要だとした。それによって帝国主義に代わる民主主義による新しい学校がはじめて成立すると考えたのである[11]。

　「教育特権の解体と最終的な廃止」とは、教育制度の徹底的な改革を指し、「知識を自主的に獲得するための方法の導入」とは、フォルクスシューレにおける抜本的な授業改革を意味している。そして、この二つの複合的な問題を改善

するために、グレッケルの学校改革は「統一学校(Einheitsschule)」と「労作学校(Arbeitsschule)」をスローガンに掲げた。この二つが盛り込まれた「学校の一般構造に関する原則」は、1920年5月に発表された。

グレッケルの片腕として改革に貢献したファドゥルス(Viktor Fadrus, 1884-1968)は、学校改革10周年にあたる1929年に、多岐にわたるグレッケルの改革を、以下の七点にまとめている。第一に六つの連邦教育研究所の設立、第二にフォルクスシューレの教育改革、第三に教育制度改革、第四に教員の地位向上への取り組み(教員養成制度改革)、第五に国民教育制度の充実(職業訓練制度の組織化)、第六に教育と宗教の分離、第七にウィーン教育庁の開設である[12]。これらの功績から、戦間期のオーストリアの学校改革は「グレッケルの学校改革(Die Glöckelsche Schulreform)」、また第二のフォルクスシューレの改革が大きな成果を上げたことから、改革による学校は「グレッケル学校(Glöckelsche Schule)」と呼ばれるようになった。

現在においては、これらの諸改革を、教育制度とカリキュラムの改革に分ける見方が主流である。例えば、オーストリア教育史研究のエンゲルブレヒト(Helmut Engelbrecht, 1924-)は、学校改革を、統一学校(Einheitsschule)の提唱による制度改革と、レーアプラン改革による「内なる改革(innere Schulreform)」という領域に分け、この二つをもって学校改革の総体としている[13]。またオレヒョフスキー(Richard Olechowski, 1936-)は、この「内なる改革」の領域が戦間期オーストリアにおいて取り組まれたからこそ、この改革が「包括的な改革」になり得たのだとしている[14]。グレッケルが新しい学校を「労作学校でなければならない」[15]と主張したことから、「内なる改革」では特にフォルクスシューレのレーアプラン改革とそれに基づいた教育実践に力が注がれた。

他方、アックス(Oskar Achs, 1944-)は、学校改革をその理念から「学校の民主化」、「教育の社会化」、「授業の活性化」の三つに分類している。「学校の民主化」とは、それまでのように帝国に従属する臣民ではなく、教師、保護者、子どもたちがともに協力し、共同決定、共同責任を有する学校をつくることである。このために、教員組合の組織化、保護者による団体の組織化などを試みた。さらに、グレッケルがとりわけその力を傾けたのが、カトリック教会の支配下にあっ

た学校を廃止し、教育と宗教の分離を目指したことである。これは、学校管理・運営に関わることがらで、次の二つの理念によって具体的に実現が可能になると考えた。その一つである「教育の社会化」とは、教育の機会均等を意味する。それは社会階層によって固定化した教育制度の複線化を廃し、「統一学校」の実現によって、すべての子どもたちに等しく教育の機会を保障することのできる教育制度改革を指す。また、教科書や教材の無料配布の主張もここに含まれる。もう一つの理念である「授業の活性化」とは、子どもに応じた生活の現実、生活の問題が学習のテーマにされる授業のあり方への提案である。そこでは子どもは教授内容を自立的に身につけるべきだとされた[16]。このようにアックスは、学校管理・運営の面では「民主主義学校」、教育制度の面では「統一学校」、教育方法の面では「労作学校」への改革がグレッケルの改革によって目指された学校像だとしている[17]。

以上の先行研究に共通しているのは、戦間期オーストリアの学校改革を支える基本的な構造として「統一学校」と「労作学校」を指摘している点である。

そこで、次に教育制度改革の柱であった「統一学校」ともう一方の柱であった教育内容・方法の領域における「内なる改革」のそれぞれの概要と成果を見ていきたい。そうすることで、本研究が戦間期オーストリアの労作教育に着目する根拠が浮かび上がってくる。

第2項　統一学校をめぐる保守と革新の対立

統一学校とは、義務教育段階である6歳からの8年間を、すべての子どもが共通の学校へ通うことによって、出自によらない教育を受ける権利を保障しようとする教育制度である。そのために、6歳から4年間のフォルクスシューレ（Volksschule）、10歳から4年間の普通中学校（Allgemeine Mittelschule）からなる制度案が構想された（図1）。

改革前の制度では、義務教育は6歳から5年間のフォルクスシューレと、11歳から3年間の上級小学校から構成されていた。中等学校へ進学を希望する子どもは10歳で中等教育のギムナジウムへ入り、義務教育で終わる子どもはそのまま上級小学校へ進む制度であった。すなわち、旧制度では子どもは10歳でさら

10　序　章

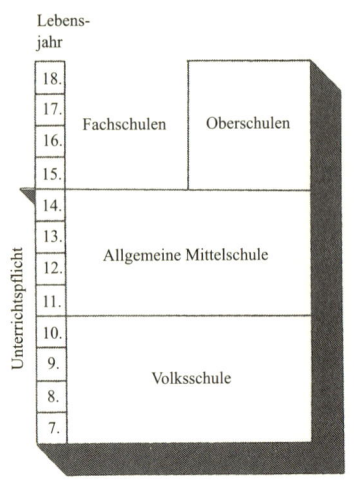

図1　統一学校による教育制度案
Achs(Hrg.), *Schule damals Schule heute*, S.31.

に上の学校へ進むのか、あるいは義務教育を終えれば職業につくのかを決定しなければならず、また一度決定すると、その進路の変更は容易ではなかった。しかし、グレッケルは子どもの能力の発達を考慮したとき、14歳まで統一した学校でその成長を見守り、子どもが自分の能力に合ったよりよい道を選択する機会を与えることが重要だとし、この統一学校の計画を提案したのである。

しかし、この統一学校の計画は、古い体制を維持したいキリスト教社会党(Christlichsoziale Partei)から強い反発を受け、グレッケルらとの長い論争を引き起こすことになる。

キリスト教社会党は保守系の政党として、その支持基盤を実業家や商店主、また地方のカトリック教徒に持っていたが、1848年の革命後[18]は、宗教や宗派を問わず(反ユダヤ主義であったにもかかわらず)、大小の商店主など保守系全般を取り込んだ。この政党の教育政策は、カトリックの教義と聖職者の優勢にあった。支持基盤存続からキリスト教社会党は、ギムナジウム(Gimnasium)(10歳からの8年制)の重要性を主張し、統一学校に断固たる反対姿勢をとった。

対する革新派政党としての社会民主党(Sozialdemokratische Arbeiterpartei)の支持基盤は、労働者階級にあった。とりわけ当時労働者があふれていたウィーンに

その大きな地盤を持っていた。それゆえ、教育の機会均等を目指そうとする統一学校の実現は、この政党の教育政策の最重要課題であった。

　最終的には、1926年に両者の妥協案が取られ、旧制度のギムナジウムをそのまま残し、その下にあるフォルクスシューレの4年間において、グレッケルのカリキュラム改革案による授業を行うこと、それと並行してグレッケル案による10歳から4年間のハウプトシューレ(Hauptschule)を置くことが決定された。すなわち、初等教育に対する制度改革は一部認められたものの、普通中等学校を含む統一学校の計画はついに実施されることはなかったのである。

第3項　「内なる改革」と労作教育

　では、学校改革のもう一方の柱であった「内なる改革」と呼ばれたカリキュラムや教育内容・方法、そして教育実践の改革はどのようなものであったのだろうか。改革の柱とされながらも、政治的対立によって実現されなかった統一学校改革に対して、「内なる改革」は以下の三点において現在でも高く評価されている。先に見たエルカースらによる戦間期オーストリアの学校改革に対する評価は、この「内なる改革」に対してなされたものである。

　第一に、グレッケルが、改革に着手したわずか半年後の1920年に、暫定的なレーアプランを発表したことがあげられる。このレーアプランでは、「郷土化の原則(Grundsatz der Bodenständigkeit)」、「合科教授の原則(Grundsatz der Gesamtunterrichtes)」、「労作の原則(Arbeitsgrundsatz)」の三つが日々の教育実践を具体化する柱として打ち出された。エルカースは、この三つの原則がフォルクスシューレの授業の中心に置かれ、またこれらが法的拘束力を持つレーアプランに明記されたことは、戦間期のドイツ語圏においてどこにも見られなかった成果だと評価している[19]。

　第二に、統一学校による義務教育の制度改革が、政党の対立の激化によってついに実現されなかったことに対し、レーアプラン改革はどの政党にも受け入れられるものであったとされている点をあげたい[20]。統一学校問題は、戦間期においてキリスト教社会党と社会民主党の激しい対立の中、ついに実現されることはなく、それは今日においても保守と革新の対立としてオーストリアの教

育問題となっている。この制度上の問題によって、現在のオーストリアの教育の発展が阻まれてきたともいわれている。対して、戦間期のレーアプランは、実際に253(うちウィーンは156)の実験学級において取り組まれ[21]、その実践は当時世界各国から注目された[22]。このことから、レーアプラン改革とそれによる教育実践は、オーストリア教育史に大きな足跡を残したといえよう。

　第三に、グレッケルの学校改革は、ドイツの改革教育学の影響を大きく受けながらも[23]、ただの模倣にとどまらず、当時の教育学に対して「与える側」でもあった。その与えたものとは、労作学校の取り組みにあった。それは、ベルリンで帝国国民学校会議が行われた時に、オーストリアの代表として出席したファドゥルスの次のような発言からわかる。「いかにわれわれがオーストリアにおいて労作学校の概念の実現に努めているか。理論的論争[24]にもかかわらず、われわれは真っ先にグルントシューレのレーアプランにおいて労作学校の問題を実践的に解決する用意がある」[25]。この点については現在、オレヒョフスキーも、労作教育の実践という面でオーストリアはドイツよりも先に取り組み、成果をあげていたと評価している[26]。

　グレッケルは旧来の学校を「ドリル学校(Drillschule)」「学習学校(Lernschule)」と呼び、それに対して、新しい学校のあり方として「労作学校」を提唱した。「ドリル学校」は、キリスト教の教義を問答によってくり返し暗記させる方法をとる学校であった。そこでは教育的な訓練を十分に受けていない教師が子どもたちを罰するための杖を片手に、必要最小限の読み・書き・計算を教えるほかは、大部分の時間が宗教に費やされた。「学習学校」は、選ばれた階級の子どもたちを官僚や学者にするための学校で、知識中心主義による教育を行うところであった。これらに対して、「労作学校」は、すべての子どもたちを対象に、子ども自身の活動によって知識を獲得しようとする授業の方法をとる学校である。労作学校では、子どもたちが自分たちの身近な素材を発見し、探究することによって、創造的な活動とともに知識を獲得していくことが求められる。なお、この労作学校については、本研究の主題として後の章で詳細に検討することから、ここでは本研究が労作学校および労作教育に焦点をあてる根拠を示すにとどめておきたい。

「内なる改革」が評価された第三の点、すなわち戦間期オーストリアの労作教育については、当時、日本においても少なからず注目されていた。

一例をあげれば、田花為雄は「オーストリアは早く既に労作教育方面に獨自の道を進んで居つたのであって、1914年ブルゲルの画期的大著『労作教育学』は実にこれを物語るものである」[27]と評価している。田花のこの評価は、戦間期オーストリアの学校改革とブルガーの労作教育論を結びつけるものとして注目に値する。このブルゲル（ブルガー）の労作教育論は、日本においても当時かなり注目されていたにもかかわらず、その労作教育論と戦間期オーストリアの学校改革の関連性を詳細に検討したものは見あたらない。なお、ブルガーの労作教育論は、本研究全体に関わる重要な理論として、第3章および第4章で詳細に検討することにしたい。

第4節　研究の対象と課題

戦間期オーストリアの学校改革に関する現在の研究は、先にもあげたとおり、オーストリアでは、エンゲルブレヒト、オレヒョフスキー、アックスが教育史や教育運動史の観点から行ってきた。日本においては、手塚甫が改革前の青年教師運動に遡りオーストリアの学校改革の源流を明らかにしているものの、改革における教育実践の側面については本研究と問題意識を共有していない[28]。また、田口晃は、19世紀半ばからのウィーン市政を明らかにする中で、グレッケルの学校改革について取り上げ、グレッケルの功績や労作教育についても比較的詳細に述べている[29]。ただし、当然のことながら、田口の専門とするヨーロッパ政治史の観点からは、学校改革における教育実践の詳細な検討は、研究対象の中に含まれていない。したがって、1930年代ころまでは日本においてもオーストリアの学校改革や労作教育の実践的な側面が多少注目されていたものの、現在に至っては、その存在すら十分に認識されているとはいいがたい状況にある。

それには、これまでのオーストリアの教育研究における次の二つの傾向が原因として指摘できるだろう。まず、オーストリアにおける教育史研究の遅れで

ある。オーストリア教育史の通史が完成したのは、1988年、先述のエンゲルブレヒトによってであった。それは、オーストリアという国家アイデンティティが成立したのが、1970年代後半だといわれていることと関連があるだろう。つまり、オーストリア教育史が端緒に付いたばかりであり、その内実としてのいわば教育方法史の検討は現在でも十分とはいえない。

　次に、先述したように、オーストリアの教育研究の多くが、政治的対立の文脈に基づく統一学校、すなわち教育制度に関するものである点があげられる。この統一学校をめぐる保守対革新の争いは、第2次世界大戦以降、そして現在に至るまで、オーストリアの教育政策の争点となってきた。それゆえ、戦後のオーストリアにおいて、戦間期の学校改革に関する研究は、この制度上の問題である統一学校に終始することが多い。すなわち、この政治的対立の文脈から、現在のオーストリアの教育研究がこの教育制度問題である前期中等教育段階（Sekundarstufe I）のあり方に偏り、結果、初等教育の教育方法およびカリキュラムの研究が軽視されている現状を生み出している[30]。

　以上のように、オーストリアにおける教育研究の限定的な傾向によって、戦間期オーストリアの学校改革における労作教育への取り組みは、歴史的に一定の評価がなされてきたにもかかわらず、特にその理論と実践を明らかにする研究はいまだ十分であるとはいいがたい。たとえば、「内なる改革」が改革の最大の成果だとするオレヒョフスキーやアックスをはじめとする論考も、レーアプランの三つの原則への言及にとどまっている。すなわち、学校改革の最大の功績とされる教育実践の内実を、労作教育という背景にある理論を踏まえながら明らかにする研究が十分になされていないのである。

　加えて、戦間期の学校改革を実践から明らかにすることは、1920年代の改革教育学や新教育運動の研究の一隅に光をあてることにとどまらない。第2次世界大戦後、国家再建を余儀なくされたオーストリア第二共和国の教育改革において範とされたのは、戦間期オーストリアの学校改革であった。特に、フォルクスシューレの実践では、戦間期のレーアプラン、教科書、評価などの諸分野において戦間期のものが継承された。しかしながら、上記のような教育研究の政治的傾向により戦間期の教育実践に対する改革は等閑視され、結果、戦後の

改革についても十分に検討されていない。戦間期と戦後の実践をつなぐ道筋がこれまでの研究では明らかにされてこなかったのである。

　以上のことをふまえ、本研究では、戦間期オーストリアの学校改革の中でも、これまで詳細に検討されてこなかった労作教育の理論と実践に焦点をあてる。

　本研究が具体的に取り組む内容と課題を以下に述べる前に、本研究で検討する改革の時期区分について断っておきたい。

　戦間期オーストリアの学校改革は、その指導者グレッケルの主な活動場所によって二つの時期に分けられる。第1期はグレッケルの教育省時代（1919年3月-1920年10月）、第2期はウィーン教育庁時代（1920年-1934年）である。前者は国家による改革として取り組まれ、後者はウィーンを中心に行われた。この場所の違いは、法令の拘束範囲、すなわち、改革の影響する範囲や規模の違いでもある。

　しかしながら、一方で、グレッケルのウィーンでの取り組みは、教育省での理念と変わることなく、また200万人以上を抱えるこの大都市での取り組みは全国に影響を及ぼすものであった。ウィーンにおいて彼の改革は充実期を迎えたのである。この点を含め、戦間期オーストリアの学校改革における実践の発展という視点に立てば、二つの時期は同一線上にあるとみなすことができる。

　さて、本研究が詳細に検討する内容と課題は以下の三点である。まず、グレッケルの諸改革、とりわけ実践に関わる改革の様相を明らかにする。具体的には、レーアプラン改革、教員養成改革、労作共同体および評価改革への取り組みである。これらの諸改革には労作教育が共通の背景として指摘できる。これらの改革は、労作教育による実践を具体的に推進するための重要な取り組みであった。

　したがって、第二の課題としては、これらの改革の背景としてあったブルガーの労作教育論を明らかにすることがあげられる。ブルガーは、学校改革の理論的支柱となった著作『労作教育学（Arbeitspädagogik）』を執筆しただけでなく、労作教育の実践的な取り組みの中心人物として活躍していたことから、彼の労作教育論を目的論と実践論に分けて考察することで、その全体像を明らかにする。

　最後に、戦間期の労作教育による諸改革が、第2次世界大戦後のオーストリアの教育実践に与えた影響を考察する。具体的には、レーアプラン改革、評価

改革および労作共同体の取り組みの継承がその検討の対象となる。この検討は同時に、労作教育が戦後においてどのように継承あるいは変容したかを明らかにすることにもなるだろう。

第5節　章構成

　本研究の章構成の概略を以下に記す。
　まず、最初の二章では、レーアプラン改革と教員養成改革を検討する。戦間期オーストリアの学校改革が現在ではほとんど知られていないことから、第1章では、グレッケルの生涯をふまえながら、レーアプラン改革の三つの原則を含め、改革の周辺環境などについて詳述したい。第2章の教員養成改革では、レーアプランを実際に教育現場で具体化する教員の育成が、改革に不可欠なものとして位置づけられたことを論じる。
　続く二つの章では、戦間期オーストリアの学校改革において、労作教育の理論的・実践的支柱となったエドゥアルト・ブルガーの労作教育論を、第3章での目的論と第4章での実践論に分けて検討する。第3章では、ブルガーの労作教育論の特徴を、ケルシェンシュタイナーやガウディヒなど、同時代の労作教育論者の目的論との比較により明らかにする。第4章では、ブルガーが労作教育の実践のために段階説を用いている点に着目し、それを郷土科の実践モデルを引用しながら明らかにしたい。ブルガーの労作教育論は、レーアプラン改革だけでなく、このあとに検討する労作共同体の取り組みや評価改革、さらに戦後オーストリアの教育改革にも影響を与えるものとして、本研究の理論的考察の中核となる。
　第5章、第6章では、ブルガーの労作教育論を理論的背景にしている労作共同体の取り組みおよび評価改革を取り上げる。これらの取り組みは、ウィーンでの改革が一定の成果を収めた延長上にあり、戦間期オーストリアにおける労作教育の新たな展開の過程を、この二つの取り組みの分析から明らかにすることに努めたい。また、この二つの取り組みは、第2次世界大戦後のオーストリアの教育において形式および理念のレベルで継承されているという共通性を持っ

ている。戦後のオーストリアの教育における労作教育論の受容という視点からもこれらの取り組みを検討する。

　第7章では、足場を戦後のオーストリアに置き、戦間期オーストリアの学校改革の影響を検討したい。オーストリアでは、戦後に見られた戦間期の学校改革の影響を「復古」とするか、「改革」とするかという対立した見方が存在する。この章では、この対立点を手がかりにして、戦後オーストリアの教育においてキーワードとなった「陶冶学校(Bildungsschule)」という概念の検討を行う。「陶冶学校」は労作教育と労作共同体の総体と定義づけされるもので、これまでに検討してきた戦間期オーストリアの労作教育論との関連を明らかにする。

　終章では、本研究で明らかになった点をまとめ、今後の課題を述べる。

【注】
1　Otto Glöckel, *Das Tor der Zukunft*, Verlag des Vereines Freie Schule, 1917, S.15-16.
2　Oskar Achs und Eva Tesar(Hrg.), *Schule damals- Schule heute*, Jugend und Volk Wien, 1985, S.26-27.
3　Otto Glöckel, *Selbstbiographie Sein Lebenswerk Die Wiener Shulreform*, Verlag Genossenschaftsdruckerei Zürich, 1939, S.85.
4　本研究で使用するレーアプラン(Lehrplan)という語は、教育内容・方法を含む法的拘束力を持ったものとして使用する。日本の学習指導要領にあたる。
5　Jürgen Oelkers, *Reformpädagogik Eine kritische Dogmengeschichte*, Juventa Weinheim und München, 1996, S.255.
6　Oelkers, *Reformpädagogik*, S.266.
7　May Hollis Siegl, *Reform of elementary education in Austria*, Submitted in partial fulfillment of Doctor of Philosophy in the Faculty of Education Columbia University New York, 1933, S.127.
8　Ernst Papanek, *The Austrian school reform, its bases, principles and development*, Greenwood Press, 1962, p.121.
9　Robert Dottrens, *The New Education in Austria*, The John Day Company New York, 1930, p.201.
10　上村福幸「独逸(及び墺太利)に於ける合科教授の現状」『教育思潮研究』第4巻第1輯、1940年、p.65。
11　Otto Glöckel, *Die österreichische Schulreform*, Verlag der Wiener Volksbuchhandlung, 1923, S.10.
12　Viktor Fadrus, Zehn Jahre Schulreform und Schulpolitik in Österreich-Rückblick und Ausblick, *Zehn Jahre Schulreform in Österreich*, Wien, 1929, S.28-50.
13　Helmut Engelbrecht, *Geschichte des österreichischen Bildungswesens Band5*, Österreichischer Bundesverlag, 1988, S.80.
14　Richard Olechowski, Schul-und Bildungspolitik wärend der Ersten und der Zweiten Republik, in Erich Zölner(Hrg.), *Österreichis Erste und Zweite Republik*, Österreichischer Bundesverlag, 1985, S.106.
15　Otto Glöckel, *Ausführungen des Unterstaatssekretärs für Unterricht über die nächsten Pläne der Schulverwaltung in der Ausschusses für Erziehung und Unterricht*, am 22. April 1919, Österreichische

18　序　章

　　　Staatsdruckerei, 1919, S.3.（以下、Ausführungen, 1919と略す。）
16　Achs und Tesar(Hrg.), *Schule damals- Schule heute*, S.31.
17　Oskar Achs(Hrg.), *Otto Glöckel Ausgewählte Schriften und Reden*, Jugend und Volk Wien, 1985, S.13.
18　フランスの2月革命の影響下で起こった1848年3月のウィーン暴動により、宰相メッテルニヒが追放された。これにより、政府支配下にあったベーメン・ハンガリー・イタリアの各地で民族自決の運動が高まった。
19　Oelkers, *Reformpädagogik*, S.276.
20　Engelbrecht, *Geschichte des österreichischen Bildungswesens*, S.83.
21　Hans Fischl, *Schulreform Demokratie und Österreich 1918-1950*, Verlag Jungbrunnen Wien, 1950, S.27.
22　世界32カ国から総数1,411人が公式訪問者として訪れた。日本からも29人の訪問者があった(Otto Glöckel, *Drillschule Lernschule Arbeitsschule*, Verlag der Organisation Wien der Sozialdemokratischen Partei, 1928, S.29)。
23　グレッケルは、学校改革に影響のあった人物としてコメニウス(Johann Aomos Comenius, 1592-1670)、ルソー(Jean-Jacque Rousseau, 1712-1778)、ザルツマン(Christian Gottlieb Salzmann, 1744-1811)、フィヒテ(Johann Gottlieb Fichte, 1762-1814)やペスタロッチ(Johann Heinrich Pestalozzi, 1746-1827)、ミルデ(Vinzens Eduard Milede, 1777-1853)、フレーベル(Friedlich Wilhelm August Fröbel, 1782-1852)などをあげている。また労作教育に関しては、以下のような人物をあげている。ケルシェンシュタイナー(Georg Kerschensteiner, 1854-1932)、ガウディヒ(Hugo Gaudig,1860-1923)、シャレルマン(Heinrich Scharrelmann, 1871-1940) (Otto Glöckel, *Die österreichische Schulreform*, S.3-5)。
24　1911年ドレスデンで「学校改革同盟」主催の全国会議にて行われた、ケルシェンシュタイナーとガウディヒの労作教育論争を指す。両者については第4章で詳細に考察する。
25　Viktor Fadrus, Rede bei der Reichsschulkonferenz 1920, *Die Reichsschulkonferenz*, 1920, S.590.
26　Richard Olechowski, Die Pädagogik der Glöckelschen Schulreform und ihre Bedeutung für die neunziger Jahr, *Die Schulreform geht weiter*, Jugend und Volk, 1985, S.145.
27　田花為雄「ドイツ教材統合史概説」『教育思潮研究』第14巻第1輯、1940年、pp.37-38。
28　手塚甫「オーストリアにおける近代教育改革運動史序説」『北里大学教養部紀要』第28号、1994年、pp.212-230および手塚甫「オーストリアにおける教育改革運動と教員の組織化」『早稲田大学社会科学討究』Vol.40 No.3、1995年、pp.1035-1064など。
29　田口晃『ウィーン――都市の近代――』岩波新書、2008年。
30　Wilhelm Wolf, Grundzüge der Entwicklung der Volksschullehrpläne, Wilhelm Wolf(Hrg.), *Kommentar zum Lehrplan der Volksschule*, öbv&hpt, 2004, S.67.

第1章　戦間期オーストリアのレーアプラン改革
　　──オットー・グレッケルの改革理念に焦点をあてて──

　序章で述べたように、戦間期オーストリアの学校改革は、統一学校による制度改革と、レーアプランによる「内なる改革」をその柱としていた。しかしながら、改革において実現されたのは、後者のレーアプラン改革であった。改革に着手してすぐの1920年5月に発表されたこのレーアプラン改革に、グレッケルはどのような理念を持って、どのような教育実践を目指していたのか。それらについて、グレッケルの生涯、レーアプランの三つの原則の記述、および改革に対する批判や改革の成果から明らかにしたい。

第1節　レーアプラン改革までの道程
　　──グレッケルの生涯と学校改革局──

　本節ではまず、グレッケルの生涯を概観することによって、彼が改革に着手するまでの経緯を明らかにする。次に、レーアプラン改革の実行を可能にした彼の教育省における組織改革について見ていくことにする。

第1項　グレッケルの生涯
　オットー・グレッケルは1874年2月8日にウィーン郊外のポッテンドルフ(Pottendorf)で、貧しい教師の子として生まれた。フォルクスシューレ(Volksschule)の5年間、ブルガーシューレ(Bürgerschule)の3年間は故郷で、教員養成学校の5年間はウィーンで過ごした。

図2　グレッケルの横顔のレリーフ
旧ウィーン教育庁舎に今も掲げられている。

　1892年、18歳の時にフォルクスシューレの教員資格を得たグレッケルは、同年、ウィーンで助教師になった。そこでフォルクスシューレの第4学年を教えた経験は、学校と子どもたちの現状について考え始める強いきっかけになったという。大都市周辺の労働者階級の子どもたちの貧しさ、社会福祉の未整備、また地位と賃金の低さが招く教師の無気力等により低迷する学校教育の状況を改善しなければならないと考えたのである。

　グレッケルは1894年社会民主党に入党、若い教師たちを中心にした「青年教師運動(Die Jungen)」[1]に参加し、学校改革の必要性を訴え始める。しかし、1897年、当時のキリスト教社会党による内閣首班カール・ルエーガー(Karl Lueger, 1844-1910)によって、その政治的な活動を理由に助教師を解雇された。グレッケルにとって、「学校教育のすべての進歩的で自由な発展の敵は、常にカトリック聖職者」[2]であった。「われわれの国の学校の歴史は、キリスト教の有害な影響の増幅の歴史である。それに対抗するただ一つの手段は、……教会と学校の分離しかない。われわれの学校はただ子どもたちの成長への配慮にその手段を発揮するものでなければならない」[3]として、教育と宗教を分離する主張を中心に、学校改革の実現に向けた活動により一層力を入れるようになった。その後、グレッケルはウィーン市議会議員を経験し、1907年にオーストリア下院議員に当選して以降、教育政策における党の専門家としての地位を固めることになる。

図3　ウィーンにあるオットー・グレッケル学校の玄関

図4　同校の校舎
設立時と同じ建物で窓が大きくとられたシンプルなデザインが特徴。手前の運動場も一般的なオーストリアの学校よりかなり広い。

　1919年に教育省次官補になったグレッケルは、教育を専門とする理論家、実践家を招聘し、学校改革局で総指揮をとった。彼はそれまでの官僚とは異なり、事務的な仕事よりも行動を大事にしたといわれている。グレッケルは望まれればどこへでも赴き、親、教師、党員の前で学校改革について話をし、彼らの理解を求めることに努力を惜しまなかった。さらに、時間の許す限り、国内の学校を視察したり、外国の教授法を実際に見たりすることによって、つねにオーストリアの教育における現状を把握し、向上させるようにつとめたのである[4]。

　教育省からウィーンへと改革の場所を移した後も、グレッケルは精力的に現場を往復し、教育実践の改革を推進した。グレッケルの努力によって、ウィーンは「教育のメッカ」と呼ばれるようになり、外国の教育学者、教師、政治家たちなど多くの人々が学校改革を学ぶために訪れるようになった。当時このオーストリアの学校改革に関する資料を請求したり、実際に視察に訪れた団体の国名は以下の通りである。ドイツ、スイス、チェコスロバキア、ポーランド、ウクライナ、ハンガリー、ルーマニア、ブルガリア、ユーゴスラビア、ギリシャ、

図5　ザルツブルク近郊グレーディヒにあるオットー・グレッケル通りの表示板

スペイン、イタリア、フランス、ベルギー、オランダ、デンマーク、スウェーデン、ノルウェー、フィンランド、イギリス、アメリカ合衆国、キューバ、アルゼンチン、パレスチナ、エジプト、南アフリカ、オーストラリア。日本からは東京、京都、横浜、仙台の各大学からの訪問があったと記録されている[5]。

　しかしながら、時代はグレッケルの改革を困難にする方向へと移行していく。1932年、ドルフス（Engelbert Dollfuss, 1892-1934）が政権を掌握し、1934年、オーストリア・ファシズム体制が確立された。同年2月13日、グレッケルはウィーン教育庁の彼の執務室で逮捕されたのち、4月19日、ウェラースドルフにあった強制収容所へ移送、健康上の理由から病院での検査を受けるが、なお数日間は強制収容所で拘束され、再び病院へ送られた。10月25日に釈放されるものの、1935年7月29日に持病の心臓発作で死去した。享年61歳であった。現在でも、このグレッケルを記念して、オーストリアの教育界に貢献した実践家や研究者たちを対象としたグレッケル賞というものがある他、オーストリア各地に彼の名前を冠した学校や通りが存在する。

第2項　教育省学校改革局の設置

　オーストリアでは1883年以来、全国的なレーアプランの改訂は行われておらず、州ごとに多少の変更が加えられる程度であった。そのような中で、帝国崩壊により国家の状況が一変し、民主主義に基づいたレーアプランを作成するこ

とが急務となった。グレッケルは、「有能で知的な労働力を計画的に育成することが国家を左右する決定的な問題である」[6]とし、レーアプラン改革による「内なる改革」に力を入れることにした。そのために、教育省内に新しく改革局を立ち上げ、ここに32人の教育関係者を招聘した。それまでは法律家がその位置を占めていたが、グレッケルは彼らの仕事を公文書を取りまとめる役割に限定したのである。

学校改革局は、義務教育部局と中等教育部局の二つの部局からなり、前者はヴィクトア・ファドゥルス、後者はグラーツ大学のエドゥアルト・マルティナク（Eduard Martinak）が責任者をつとめた。

改革局はその最初の仕事として、「三つの問題領域」に対する「指針」の作成に取りかかることになる。三つの問題とは、「教員養成の新編成への指針」、「学校の一般構造に関する指針」、「現存の学校と新しい学校のレーアプラン」を指す。これらの作業には、義務教育部局に加え、ルートヴィヒ・バッティスタ（Ludwig Battista）、エドゥアルト・ブルガー（Eduard Burger）、レオポルト・ラング（Leopold Lang）、カール・リンケ（Karl Linke）が参加した[7]。なお、彼らのうちブルガーについては、とりわけ労作学校への改革に貢献した人物として、第3章と第4章で詳細に取り上げる。

ここでグレッケルの改革を象徴することがらを二点描き出しておきたい。

第一に、レーアプランが発表される前、1919年夏に、グレッケルはオーストリア全土に253（内ウィーン156）の実験学級を置き、ここでレーアプランに基づいた授業を実験的に試みていたことである。さらに実験学級の教員たちは、それぞれの実践の成果を交換しあい、さらなる情報を得るためにそれぞれの地域で「研究チーム」を結成した。このような教員たちの自由意志による研究は、1919/20年度の冬には参加する教師の数を倍にした。とりわけ郊外に住む教員たちは、厳しい冬の寒さの中を、何時間もかけて徒歩でその集会に参加したため、グレッケルはその鉄道交通費のおよそ半額を支給し、この活動を支えたとされる。そして、その成果が改革局に集約され、1920年の発表前に幾度も修正を重ねる作業が行われた[8]。エルカースはこれをグレッケルの改革の「最初の顕著な第一歩」[9]であるとしている。このことからは、戦間期オーストリアの学校

改革が、国家による上からの改革でありながら、当初から教育現場にある教員の参加を重視していたことがわかるだろう。

　第二に、グレッケルが前例を破り、改革局に法律家ではなく教育学者を招聘したことは前述のとおりであるが、さらにその招聘されたメンバーを見ていくと、そこには様々な背景があることを指摘したい。例えば、労作教育の理論と実践で改革に貢献したブルガーは「政治嫌い」で有名な無党派であり[10]、また教員養成改革や郷土科の実践に深くかかわったバッティスタは保守派のカトリック教徒であった[11]。序章でも述べたとおり、グレッケルは社会民主党員であったが、学校改革に賛同する人物、教育において進歩的な考えを持つ人物を、宗教・政党を問わず選出した。現在でも教育の分野においていまだ保革の対立が激しいオーストリアの状況に鑑みても、当時この人事が大きな波紋をもたらしたことは想像に難くない。学校改革は党派のちがいを超えて実行するというグレッケルの考えを知ることのできる一例である。

第2節　レーアプランにおける三つの原則

　ここでは、レーアプランから三つの原則の記述を検討することによって、改革の内実とグレッケルのレーアプランに対する考えを明らかにする。

第1項　「枠組み」としてのレーアプラン

　まず三つの原則を見る前提として、レーアプランの位置づけを明らかにしておきたい。以下、取り上げる記述はすべて1920年のフォルクスシューレのレーアプラン（Lehrplan für das 1.bis 5.Schuljahr der allgemeinen Volksschule.,1920）からのものであり、その引用頁は括弧内に記す。

- ある学校のレーアプランとは、一方では、国家のすべての国民の法的代理として学校に定められた目的に影響されるものであり、他方では、時代の教育学的基本思想による影響を受けるものである。
- 種々の学校の接続と学校内での学習を束縛しないことを保障するため

に、各学校と各学年において国家の全域にわたりみたされなければならない最低限の要求を確立しておく必要がある。
・国家全域を対象としたレーアプランは、――与えられた目的によって――ただ一つの枠組みを示したに過ぎない。その枠組みの充填は、教師たちの適切な取り組みにゆだねなければならない。　　　　　(S.4.)

　最初の記述は、レーアプランが、国家の状況と教育学の動向を前提に定められるものであることを示している。これは、エルカースが戦間期オーストリアの学校改革を、国家の改革と改革教育学の融合と指摘したことに重なっている。
　グレッケルが改革以前の学校を、カトリックの教義を繰り返し暗記するだけの「ドリル学校」あるいはまた、官僚や学者を育成するための知識主義に偏重した「学習学校」であると批判したことは先述のとおりである。それに対してこれからの学校は、子どもが教師の指導のもとに新しいことを発見する、探究する、活動して獲得する「労作学校(Arbeitsschule)」でなければならないとした[12]。グレッケルによれば、労作学校とは「若者が授業の中で、すべての感覚を使って問題を解決すること、できる限り自分で活動して認識を得ることに取り組む」ものである。「ドリル学校」や「学習学校」から「労作学校」への転換は、「教授方法に関わる問題」[13]としてとらえられる一方で、第一の記述からも明らかなように、国家のあり方の転換とも不可分の関係にある。すなわち、「ドリル学校」や「学習学校」のまさにドリル的な、あるいは暗記的な学習の方法だけが問題だったのではなく、それを支持していた社会の構造、オーストリアの場合は帝国主義が問題だったのである。したがって、正確には、労作学校への改革は教授学的な改革にとどまるものではない。すなわち、レーアプランが労作学校を目指したものであったという場合、民主主義による学校および子どもの自主的な活動を重視する学校という意味が込められているということを、最初の記述から読み取ることができる。
　枠内の第二の記述からは、レーアプランを大綱的なものとして位置づけていることがわかる。レーアプランは「枠組みのレーアプラン」として、「子どもの中に眠っていた才能と力を見出すべき手引書」として機能する。レーアプランの

教育目的は全オーストリアに有効であるが、「どの学校にも有効で、到達可能な」最小限のものでなければならない。その目的とは「すべての人間の発達」を保障し、「理論的、実際的な能力、理解、感情、意志、これらすべての素質と能力を最高次にまで育成する」ことである[14]。

そして第三の記述にあるように、「枠組みの充填」、すなわち教育内容の選択は教師の自由裁量に任されている。これは第一の記述と関連し、民主主義による学校を実現するレーアプランは、教師の自由を保障しなければならないということに結びついている。同時に、「教師たちの適切な取り組み」ということばからは、以下に検討する三つの原則のもとに教育内容を選択し、カリキュラムを編成する自由があることを示してもいる。

ただし、この大綱的なレーアプランに対しては、発表後、教師たちが詳細な「解説」を要望したことから、21頁から70頁に大幅に増やされた。このレーアプランの「解説」は、「新しいレーアプランに対する具体的な指導の方向性を示す、教師への実践的な援助」[15]であり、「決して教師の個性の束縛となるものではない」[16]ことが明記されている。すなわち、「解説」は、新しい指導法への改革に対処する教師の負担を軽くし、またその改革の促進を意図するものとして加えられた。

こうして新しいレーアプランは、教師の教える自由を保障する「枠組み」として機能し、その中に労作学校への改革を具体化するため、郷土化の原則、合科教授の原則、労作の原則という三つの原則が備えられることとなった。

第2項　郷土化の原則

上述したように、古いレーアプランが最大限の内容を持っていたのに対し、新しいレーアプランは最小限の内容と目的からなる「枠組み」とされた。このことをグレッケルは、古いレーアプランが「体系的」であったのに対し、新しいレーアプランは「類型的」であると述べている[17]。これは、ここで検討する郷土化の原則に関係している。

・子どもの郷土の世界には、あらゆる教材の根元が沈んでいて、学校は子

どもたちにその教材を仲介しなければならない。
・すべての授業は、生徒の環境から、身近な郷土そしてより広い郷土から、現在の生活から始まり、つねにそれらに戻らなくてはならない。(S.4-5)

　この郷土化の原則によって、教育内容は、学問体系から「拵えられた」知識ではなく、子どもの環境や経験から選択されるようになる。子どもの環境、経験は地域によって異なるので、レーアプランは類型的にならざるを得ない。さらにレーアプランに基づいて、学校ごと、学級ごとのカリキュラムが必要になるだろう。教師の教える自由を保障しているレーアプランにおいて、もちろん郷土化の原則はそれを妨げるものではない。

　郷土化の原則は、狭い教室の壁を打ち破り、世界が本当はどのようになっているのかを子どもが知るための原則である。頭と心で、また目と耳で子どもが自分の生活を学習する。それは狭い教室から飛び出し、道や自然、工場など生活のすべてに関わることに学習の対象を求めることである。

　この原則には一つの特徴がある。それは、郷土・生活科(Heimat-Lebenskunde)で扱われる対象を見ると明らかであるように、授業あるいは学年が進むに従い、授業の対象、つまり郷土の範囲が徐々に広げられることである。第1、2学年においては「子どもにもっとも近い環境(家、学校、その周辺)」、第3学年では「郷土の生活と地域」、第4学年では「全体的な郷土」[18]というように、教授対象は子どもに最も身近なところから、徐々に遠くの場所へと、範囲が広がるように置かれる。なお、郷土科については、第4章において具体的な実践モデルを提示しながら詳細に検討する。

第3項　合科教授の原則

　合科教授の原則には、次に示すように、二つの側面がある。すなわち、これまでの時間割の廃止という側面と、諸教科の内容を分けずに一つの教科、オーストリアのレーアプランでは郷土・生活科を中心に据えるというカリキュラムの編成原理としての側面である。

・厳密な時間割の編成は行われない。決められているのは毎日の授業の始まりと終わりの時間だけで、それぞれ学級の教師が授業の進み具合によって決定する。
・子どもが郷土の生活共同体を自分のものと認識するための方法は、郷土的教授内容をはやくから「教授対象」に分解せず、合科教授によって行うべきである。
・グルントシューレにおける教授は合科教授である。すなわち、教材は今までのように「教授の対象」から個々に固定された時間によって分けられるのではなく、自然なつながりの中で生徒になじませ、消化させていくのである。 (S.2,4-5)

　この原則により、時間割がなくなる代わりに、教師が準備した作業計画（Arbeitsplan）が必要とされるようになった。それだけでなく、子ども自身が授業の計画づくりに参加することが望ましいとされている。その基本には、授業が時間割によってではなく、子どもたちの興味・関心によって行われるべきだとする考えがある。つまり、固定化した時間割に教師と子どもが合わせるのではなく、子どもに即した授業を教師と子どもがともに創り出していくことが勧められている。

　戦間期オーストリアの場合、カリキュラムの編成原理としての合科教授は、学年に応じた段階的な導入にその特徴がある。すなわち第1、2学年では教科を分けないという意味での完全な合科教授が適用され、次の第3学年では歴史、博物、地理など各教科への「導入」が配慮された合科が、第4学年ではこれらの教科に関連付けられた分科への「移行」を前提とした合科教授が取り入れられる[19]。すなわち、この合科教授の原則は、教科を形式的に合わせるという意味だけでなく、合科から分科していく過程においても、またその分科が完了し、各教科による授業が成立しても、教科間の内的関連を重視する合科を求めているのである。

　ただし、ここで注意しておかなければならないのは、カリキュラムの編成原理である合科教授の原則と教育制度との乖離である。統一学校の改革が頓挫し

たことで、レーアプラン改革による実践は、中等教育段階には浸透しなかった。すなわち、上述したように、分科を前提とした合科教授の原則は、学校段階によるカリキュラムの乖離という問題点を解消できる契機を内包しながらも、実際には、分岐制の教育制度自体を肯定するほうへ作用した。カリキュラムの理念としての合科教授の意味は先に示したとおりであるが、上の学年での分科を想定した合科教授の原則が、選抜的な教育制度の実態に適応することにより、本来の意図とは別の方向に働いたということも否定することはできない。

第4項　労作の原則

　労作の原則とは、子どもの精神的・身体的活動によって学習内容を獲得する方法である。つまりこれまでの単なる「受容」の教育から、能動的活動による「創造」の教育へと転換させるのがこの原則である。

- （前略）労作の原則は合科教授の枠の中で、この段階をより有効にさせるものである。教授内容への働きかけは子どもの環境から取り出した事物領域に従ってまとめられることを前提としている。
- レーアプランは、子どもたちの感覚、手、言葉を育て上げる中で、教材を自主的に消化することを望むものである。　　　　　　　　　　(S.4-5)

　この原則は上記の記述から明らかなように、郷土化の原則と合科教授の原則によるカリキュラムと授業のより具体的な方法を示すものである。すなわち、郷土から取った学習内容を獲得するための方法が労作の原則である。
　グレッケルは、労作の原則について以下のように述べている。労作の原則は、確かに子どもの労作による授業を志向するものであるが、それは手工技術の向上、体系的な技術訓練を意図したものではない[20]。労作を取り入れることによって、子どもに教育内容をより身近に感じさせ、また理解の手助けとする。したがってレーアプランの労作の原則とは、教師の手工的熟練を必要とせず——なによりも教師はそのような訓練を受けていないこともあって——どの教師でも指導できるよう、単純な作業によって行われる。実際にレーアプランでは、作

ること、切ることなど作業と思われるものだけではなく、話すこと、書くことなども労作に含まれる活動とされている[21]。このように、労作を単純な活動とすることには、技術向上に偏向した教育を行わないという学校改革の立場が明確に示されていると同時に、新しい教育方法に対する教師の抵抗を減らし、学校現場に迅速にレーアプラン改革を浸透させたいというグレッケルの考えも反映しているだろう。

戦間期オーストリアにおける労作学校への改革は、レーアプランの中で三つの原則によって具体的に示されている。つまり、レーアプランの三つの原則は労作学校の三つの原則であるともいえる。労作学校では、郷土化の原則によって定められた教授内容を、合科教授を原理としたカリキュラムとして構成され、それに基づく授業は労作の原則という子どもの活動によって成立しているのである。

第3節　レーアプラン改革を支えたもの
——教科書開発——

ところで、グレッケルによるこの学校改革は、レーアプラン改革のみが先行したわけではなく、レーアプランを実施するための環境の整備もまた改革の重要な側面を担っていた。その一つである教科書開発をここでは見ていくことにする。

レーアプランの原則に則った教科書を開発するために、新しい出版社が設立された。ウィーンの出版社(Gerlach und Wiedling)が、ウィーンの改革派と協力し、教育専門の出版社を作った。それがユーゲントウントフォルク社(Jugend und Volk)である。ここの代表であるヴィードリング(Walter Wiedling)は、学校改革の実践的指導者であるファドゥルスを共同参加者として招致した[22]。

ハプスブルク帝国の崩壊と政治システムの変容、領土の縮小によってまず必要となったのは、歴史と地理の新しい教科書を編纂することであった。それはもちろんレーアプランに即するものでなければならなかった。この課題を上記の出版社の体制を整えると同時並行的に、「信じがたいほどの短期間で、各学年

図6　読本の表紙

すべての教科」の教科書において断行したのである。この点についてオレヒョフスキーは、第2次世界大戦後、戦間期と同様に新しい国家を立ち上げる中での教育改革の状況と比較し、戦後の教科書発行がままならず、戦間期の教科書を使用することになったことをあげ、戦間期の教科書は時間的な問題だけでなく、その質としても優れたものであったとしている[23]。

また、戦間期の学校改革では、ドイツ語教育の一環として、読書教育に力が注がれた。前掲ファドゥルスと改革同志のリンケは、「ウィーンの読書計画」として、「ウィーンの学級読本」の導入を指揮した。それは、これまでのような無味乾燥でばらばらの読本ではなく、内容的にまとまった新しい作品集であった。子どもたちに無料で支給されたこれらの読本は1923/24年度には98巻を数え、最終的には120巻が用意された[24]。

さらに、教科書開発が、現場の教員たちによっても支えられていた事実がある。ファドゥルスは、懸賞金つき教科書原稿をウィーンの教員たちから募集することを先のユーゲントウントフォルク社より発表した[25]。これには、ウィーンの教員たちに教科書執筆の協力を呼びかけることで、教科書の充実はもとより、彼らの経験を最大限に生かし、共有していくことで改革を広く深く浸透させようという狙いがあった。もちろん、改革に教師自身が参加できるということで、教員たちの改革に対する意識を向上させるという狙いもあっただろう。副教材である読み物にも及んだ戦間期のオーストリアの教科書開発は、当時の印刷技術等の条件を考えてみれば、どれほど力が注がれた領域であったかがわかる。教科書開発に関するこれらの動きは、オーストリアの改革が、一指導者

第4節　学校改革に対する批判

　このようなグレッケルの学校改革も、当然批判にさらされていた。活動主義に陥った教育であり、子どもは正しい知識を獲得することができないというのが、その主な批判である。そこでここではいくつかの批判を取り上げ、またそれらに対するグレッケルの回答を見ていくことにする。

　なおグレッケルは、以下に示す批判を子どもたちの両親から寄せられたものとしているが[26]、同時に改革に反対する対立政党（キリスト教社会党）などからも同様の批判があった。それは1920年、連立政権が崩壊し、与党となったキリスト教社会党が、試案であったレーアプランを本案として採択せず、1925年夏までその試験期間を延長するという結果となってあらわれた。このことを、エルカースは、「1920年の指針にあった目標が現実化したので、明らかな反対者たちは、教育学の手段を改革の政治的正当性と同じ問題としておくことができた」ためだとしている[27]。すなわち、レーアプランが政治的な対立の材料として利用されたのである。

　しかしながら、1926年7月18日、グレッケル案によるレーアプランの採択を求めて、10万人にも及ぶ市民のデモが行われたことが示すように[28]、グレッケルの改革は当時、一つの社会現象として注目され、支持されていた。学校改革に対する批判、およびグレッケルの反論を見るこの作業によって、レーアプランの三つの原則による教育実践の具体像を確認できるだろう。

　以下に太字で示しているのは、学校改革に対する批判である。内容的に同類と考えられるいくつかの批判は、筆者がまとめてあげている。ここでは太字で各批判を示した後に、それに対するグレッケルの反論をあげる。

フォルクスシューレの時間割廃止は無計画にすぎない。

　これはレーアプランの合科教授の原則に対する批判である。レーアプランに

表1　時間配当表

学校の種類	学級	学年	宗教	郷土・生活科	話す・書く練習	読む	書き方	歌う	手工 男子	手工 女子	計算と空間教授	体操
各学年一学級制	1	1	現行の時間数で	3	—	6	—	1	3	3	第三学年から女子のための手工は	3	2
	2	2		3	3	3	1	1	4	4		3	2
	3	3		4	3	3	1	1	4	2+2		3	3
	4	4		4	4	2	1	1	4	2+3		4	3
	5	5		5	4	2	1	1	4	2+3		4	3

(*Lehrplan*, 1920, S.6-7.)

は確かに先にあげたように「厳密な時間割の編成は行われない」とある。これに対してグレッケルは同じレーアプランを引用し、次のように答えている。「レーアプランには『時間割による束縛からの解放は、教師に十分に考え抜かれた活動計画を求めている』[29]と明記されており、教師は視学官にその年間計画、および毎日の計画の書類を提出することになっている。そこでは年間の指導目的が達成されるよう計画されていなければならない」[30]。合科教授の原則にあるように、時間割の廃止が、授業計画の廃止を意味するのではなく、授業は教師によって計画され、それはまた視学官によって点検されるシステムになっている。

　実際に、レーアプランには学年ごとに各教科のおよそその目安となる時間配当表が付されており（表1参照）、教師はこれをもとに計画を立てるように指示されている。つまり時間割の廃止は、ベルによって子どもたちの学習が中断されることを廃止するものであり、教師がその指導性を十分に発揮できるように、また子どもたちに必要な学習内容のまとまりを教科の区切りよりも優先できるように導入されたものであるといえよう。

子どもたちは正しい書き方を学習しない。
子どもたちは全く文法を学習しない。

　これらはドイツ語の授業に対する批判である。これらの批判に対してグレッ

ケルは、正しい書き方や文法の学習はレーアプランにおいても明確に位置づけられており、ただその方法という点で旧来とは異なる方法を用いていると回答している。旧来の方法では、書き方や文法は子どもたちにとって「十字架を背負わせる」ように困難で、機械的なものであったとグレッケルはいう。それに対して新しい方法では、子どもたちに郷土科の中で扱われる身近な領域から、自然に取り組めるように指導する。例えば、文法に関しては、まず正しい話し方が中心に置かれ、その上で書き言葉すなわち文法への自然な移行が行われた[31]。また、書き方では、手書きの明瞭さという視点からブロック体で始めることや、それまで4本であった罫線を1本に減らすことによって、筆跡の個性を尊重することが多くの教師によって取り組まれたとされている[32]。

労作学校では九九を学習しない。
子どもたちは反復練習をしない。

　これらは算数の授業に関する批判である。グレッケルはドイツ語に対する批判と同様に、旧来とはその方法が異なるのであり、決してこれらを学習しないわけではないことを強調している。答えまでの道のりを自分で探究することによって、計算する喜び、くり返し練習をする必要性を子どもたちに感じさせることがなによりも必要だとする[33]。ただし後に考察する改革の結果においては、確かに、つづり、文法、算数の公式の不正確さ、練習不足があげられている。労作教育において、いわゆる基礎的な読み・書き・計算などの反復練習がどのように扱われているかについては、第4章で論じることにしたい。

子どもは正しい知識を何も得ることができない。

　この批判も、先のものと同様、グレッケル学校では全く勉強をしないのではないか、という懸念をあらわすものである。グレッケルは、子どもたちがこれまで機械的に暗記させられていた知識を「死んだ知識」に過ぎないとし、これからは、自分で見て、考えた学習による知識を得なければならないとした。そして、グレッケル学校で教育を受けている子どもたちは、今まで以上に多くの知識を持ち、それは経験に基づいた確かなものだとも主張した[34]。

学校では遊んでばかりで、学習しない。
学校で座って学ぶ代わりに、教師と子どもは散歩に出かけている。

　グレッケルは経験に基づいた、生きた知識が子どもたちには必要であり、それは見たり考えたりする経験によらなければならないとした。そのような経験を、遊び、散歩に過ぎないとしたのがこの批判である。これに対してグレッケルは、子どもたちは書物からではなく、郷土から実際に学習しなければならないとした。これが郷土化の原則である。そして遊んでばかり、散歩に出かけてばかりに見える学習は、実は前もって周到に計画されたものであり、学習の目的によるものであることを再度強調した[35]。

　ところで、ここにあげた批判は、一瞥しても単純な二項対立による描き方がなされている。「ドリル学校」「学習学校」対「労作学校」の対立である。批判に対するグレッケルの反論もまた、たとえば、書物からではなく郷土から学習するべきだというように、非常に啓蒙的な印象を受ける。しかしながら、実際にはグレッケルが図書館整備や読本シリーズの刊行により読書を推進する政策を展開したことは、第3節でも述べたとおりである。これら単純な批判に対する単純な回答は、ここに引用したグレッケルの『オーストリアの学校改革』という著作からのものである。同書は、一般市民、保護者などへ改革に対する理解を求める目的から書かれており、学校改革を推進していく中で単純な形式ではあれ、批判を踏まえた改革をグレッケルが志向していたと見ることもできるだろう。

学校改革は、わたしたちの学校を社会民主主義に染め上げようとしている。

　この批判は、当時の保守政党の主張をよくあらわしている。これに対してグレッケルは学校の内部においては、政治は関係がないという。また政治は子どもに関わることがらではなく、それよりもむしろ子どもは自分の考えを持つことが必要で、それは将来において政治的な努力とデマゴギーを区別することができるようになることにつながるものだとしている[36]。

　ただし、グレッケルによるこのような回答では、上述のように、引用した文献の啓蒙的な性格上、当時の学校改革が特定の政治思想に偏っていたかどうかの正確な判断は下しにくい。そこで、この点については、オーストリア教育史

研究のエンゲルブレヒトの論考を参考にしてみたい。

エンゲルブレヒトは、オーストリア教育史を通史として完成させた元ウィーン大学教授で、保守派として、グレッケルの改革に対して全面的に肯定はしていない立場の研究者である。エンゲルブレヒトは、当時のオーストリアのマルクス主義を代表するマックス・アドラー(Max Adler, 1873-1937)やオットー・バウアー(Otto Bauer, 1881-1938)らの教育改革の理念とグレッケルのそれとは「原理的にまったくの別物」とし、グレッケルが学校改革に政治理念を直接的に持ち込んだとは見ていない[37]。これは、本章の冒頭で述べたように、学校改革局に招聘した人物を政党や宗教によらず、進歩的な教育へ理解を示すことを基準に精選したこととも関わっている。前述したように、学校改革局は、改革以前からのグレッケルの同士だけでなく、キリスト教社会党、大ドイツ党、キリスト教教育者から構成されていた。彼らはそれぞれの立場を代表するものたちであったが、同時に一つの共通した志、すなわち「ハプスブルク帝国からオーストリア共和国への改革」を志すものたちであった[38]。

では、グレッケルが教育に関して全く政治的に中立であったかといえば、決してそうではない。彼は社会民主党員として、社会民主主義の理念にたち、同党が目指す社会保障政策の一環としての学校改革に責任を負っていた。戦間期オーストリアの学校改革は、教育省において、次にウィーン教育庁において、社会民主党の主導で行われたものであった。労作教育をはじめとする改革教育学の流れと、社会民主主義運動の高まりの中で国家の成立をかけて行われた学校改革だったのである。

第5節　戦間期オーストリアの学校改革の成果

改革の成果を見る場合、何によって成果とするのかということが常に問題となる。ここで検討する戦間期オーストリアの学校改革の成果を見る場合も例外ではない。統計の他に、歴史的事象の当事者たちによる評価というものを参考にすることで、改革の成果を質的にもおさえておきたい。教育改革であれば、改革の当事者、改革に直面した教師や子ども、改革を外側から見た者たちによ

る評価が考えられる。

　そこで、以下では、三つの方法により成果を検討する。第一に、学校の出席率などの統計、第二に、直接この改革を参与観察していた当時の研究者による考察、第三に、この学校改革を生徒として経験した人物へのインタビュー記録である。

第1項　出席率と落第率の改善

　グレッケルは実験学級の成果として、まず出席率の向上をあげている。1919年9月から1920年4月までの第3学年の実験学級と普通の学級との欠席率を比較してみると、軒並み50%から95%までの高い欠席率を出した普通の学級に比べ、実験学級では46.38%と、その率はまだ高いとはいえ改善しており、またほかの実験学級でも同様の結果が出ているとした。この結果をグレッケルは、子どもたちが喜んで学校に行くことを表したものだととらえている。それは彼らにとって、もはや学ぶことが重荷ではなく、喜びに満ちた経験であることを知ったからだという。保護者へ行ったアンケートの回答にも「うちの子どもがこのように喜んで学校へ行くようなことはなかった。今では毎日の生活のすべてに対して喜んで学び、興味を持っている」という内容のものが複数見られる[39]。

　また改革前は11-13%を推移していた落第率が改革後の1921年には9.2%、1922年には6.4%にまで低下したことをあげている（表2参照）。これは子どもたちが学習内容を理解したことにあるとする[40]。そしてその要因の一つとして、新しい教育を徹底するために、一学級あたりの平均生徒数を30人程度にまで減らしたことをあげた（表3参照）。グレッケルはこのような少人数学級編成は、ウィーン以外どこにも見られないことだとした[41]。

　さらにグレッケルはある実験学級の教師の報告を取り上げ、労作学校への改革によって、「子どもが自信、勤勉さや強い意志を示すようになった」、「困難な問題を前に無関心を装って逃げ出すことがなくなった」ことを成果としてあげている。さらにこのような意欲、関心の向上が学習遅滞児と決めつけられていた子どもにも見られたとする報告もあるという。そこでは粘土細工、切ることや描くことの活動を通して、これらの子どもにも表現力の前進が見られたこと

表2　フォルクスシューレ第3学年の実験学級における落第率の低下

1915年	11.5%	1919年	12.5%
1916年	11.7%	1920年	13.2%
1917年	13.3%	1921年	9.2%
1918年	12.5%	1922年	6.4%

（Glöckel, *Die österreichische Schulreform*, S.37）

表3　フォルクスシューレの実験学級における一学級あたりの平均生徒数

1906年	52.38人
1914年	47.3人
1922年	31人
1923年	28人

（Glöckel, *Die österreichische Schulreform*, S.39）

をあげている。

　ほかにもグレッケルは、「共同の経験、作業によって学級にまとまりができた」、「自分だけではなく他者への配慮、親切にできる、学ぶことへの真摯な態度、学ぶ喜びをもたらした」、「活発になった」などの報告をあげている。

第2項　レーアプラン改革の質的成果

　コロンビア大学のティーチャーズ・カレッジでミード（G.H.Mead,1863-1931）らに指導を受けていたジーグルは、このグレッケルの改革、とりわけフォルクスシューレの郷土科の実践を実際に見学した様子を残している。彼女は、1920年から5年間、新しいレーアプランによる新しい教育を受けたフォルクスシューレの子どもたちを受け入れた中等学校の教師たちの印象を調査し、以下のようにまとめている[42]。

成　果
1. 学校の活動に対する喜び
2. 教師に対する親しみと愛情
3. 観察能力の増加
4. 話し言葉、書き言葉の表現の自然さ、生き生きしていること
5. 描くこと、手工の進歩、芸術の意義の理解
6. 空間認識の発達
7. 数学の問題のよりよい理解

課　題
1. つづり、文法、数学の公式の不正確さ
2. 正しくない話し方
3. つづり、文法、算数の練習不足
4. 暗記の不足
5. 集中力の欠落
6. 忍耐力の欠落
7. 作業における規律の欠落

　彼女は、このように改革の成果と課題を示した上で、それでもなおその成果を次のように強調した。「課題は学習学校の視点に基づいたもので、学習学校における目的（知識を重視する――引用者注）を達成していない点についてのみ取り上げている。それに対して成果はまさに労作学校の成果であり、それゆえ成果が課題に勝っているといえる」[43]。彼女のこの評価は、グレッケルの「内なる改革」に対するものであり、レーアプラン改革の質的成果をここに見出すことができるだろう。このようにグレッケルのレーアプラン改革の成果は、出席率の向上、落第率の低下などにとどまらず、子どもの具体的な学習能力の改善という点においても認められるものであった。
　ただし、上記の課題にあげられたような「つづり、文法、算数の練習不足」というような問題は、労作学校のような活動を重視する教育においては、まさに課題として引き取らなければならない面も残されている。この点に関しては、後の章において具体的な実践や教育評価の問題を取り上げるときに考察しなけ

ればならない。

第3項　実験学校の様子——ナトルプシューレの思い出として——
　では、ジーグルが上記のように評価した改革期の学校を、子どもたちはどのように受け止めていたのだろうか。
　1930年10月に、新しい学校が完成した。この近代的な建物にはフォルクスシューレ（4学級、男女共学）とハウプトシューレ（11学級、女子のみ）が入ることになった。ナトルプ通りに面していたことから、この学校は「ナトルプシューレ」の愛称で親しまれ、学校改革の象徴としての役割を果たすことになった。
　このナトルプシューレの開校時にフォルクスシューレ時代をすごした人物が、自らの学校時代を振り返ったインタビュー記録がある。1924年生まれのライムント・ヒンケルは、1930年ナトルプシューレの開校と同時にこのフォルクスシューレに入学した。敗戦後、教師となり、フォルクスシューレの校長を務めた人物である[44]。

> クラスのメンバーはほとんど変わることがありませんでした。さまざまな社会階層の子どもたちが来ていました。裕福なユダヤ人の織物商人の息子の横には、洗濯女の息子がいるといったように、失業者や失業保険を受け取る資格を失った者の子どもたちが大勢いました。あるいはまた、女中や料理人の子どもたち、車を所有する博士の子どもは、保護施設から通ってくる子どもの横に座っていました。……子どもたちの願いはよく考慮されていました。貧しい子どもも裕福な子どもも、おやつの時間から昼食の時間まで、教室はいつもにぎやかでした。
> 　今でも時々このときの級友と会うことがありますが、彼らの意見はほとんどが学校へ行くのが楽しかったというものです。学校では一度も「退屈」したことはありませんでした。授業はわかりやすく、常によく準備がされており、生活に密着したものであったため、興味がわきました。掲示板があり、壁には絵画がかけられ、模型やスライドや映画、ラジオの時間もありました。……当然のことながら、教師も生徒もやる気に満ちていました。

生徒同士の話し合い、生徒による計画的な共同作業、秩序ある興味深い授業や遠足などがありました。

　この記述からは、まず、グレッケルの学校改革が、先述のとおり、すべての社会階級を対象にしていたことがわかる。また、授業の詳細な様子は描かれていないものの、子どもの活動を重視し、生活に密着した授業が常に行われていたことを読み取ることができる。さらに、新設校ならではの充実した教育施設（セントラルヒーティングやプール、学校菜園などもあった）や教材教具が準備されていたことがわかる。続いてヒンケルは、実験学校ならではの想い出を次のように語っている[45]。

　　フォルクスシューレの4年間には、常に多くのお客様が授業を参観に来ていました。とりわけ、日本人や韓国人が来たことが印象に残っています。時々、そのお客さんたちの中に、とがったあごひげの黒っぽい背広を着たやさしそうな紳士がいました。それがウィーン教育庁長のオットー・グレッケルでした。参観者たちは、しばしば何時間も教室の後ろに置かれた椅子に座り、メモを取ったり、静かに話し合ったりしていました。……お客様を迎えることはうれしく、また私たちも来客に慣れていましたし、彼らは、当然のこととして、わたしたちの先生（女性）を観察しているように見えました。……ある参観の時間に、私の隣の女の子が、ウィーンにある区の名称を暗誦しなければならなかったときのことでした。10区を間違えてしまったその子は、級友に笑われて、ついに泣き出してしまいました。そのときすぐに、とがったあごひげの鼻眼鏡をかけたやさしそうなオットー・グレッケルが、彼女をなぐさめたのでした。

　ヒンケルの記憶する日本人による学校訪問が何年にあったかは、この記録からは明らかではない。ただし、文部省実業学務局による『墺太利ノ新教育制度』（1934年）というオーストリアの学校改革を参観した報告書があり、その出版年からは、1930年設立のナトルプシューレを視察した可能性が高いと推測できる。

図7　ウィーンにあるグレッケルの墓

　また、東京高等師範学校附属小学校の水戸部寅裕がオーストリアを訪問し、そのときに持参し、進呈した同校の紹介冊子（1927年整理）がウィーンに残されていることから、オーストリアの学校改革期における日本からの訪問は数回あったものと考えられる[46]。

　さて、この記述は、子どもの目から見た実験学校の様子をよく伝えている。参観者に慣れている教師や子どもたちの様子や、参観者がどのように授業を視察していたかがよくわかる。特に、参観者が何時間も授業を観察していたという記述は、参観者たちの目的が授業にあったことを、言い換えれば、授業がオーストリアの学校改革の目玉として外部にも認識されていたことをあらわしている。そして何よりも、グレッケル自身が頻繁にナトルプシューレを訪問し、改革の中心人物である彼の存在が、子どもたちにとっても身近な存在であったことがこの記述から明らかである。

　しかしながら、このナトルプシューレは、オーストリア・ファシズムの登場によって、1934年2月20日に閉校を余儀なくされた[47]。その1週間前、グレッケルはウィーン教育庁の執務室で逮捕され、留置場に拘束されていたのである。

　　多くのことが変わってしまいました。お客さんも来なくなってしまいました。そしてまた、ひげと鼻眼鏡の善良な紳士も、わたしたちの前に二度と

あらわれませんでした。

　第1章では、本研究において土台となるレーアプラン改革の全体像を把握できるようにつとめた。ここで明らかになったことは、レーアプランには、自己活動、郷土化、合科教授の三原則が明記され、その実施のために教科書開発などの環境も積極的に整備された結果、落第率の低下などの成果が見られたということであった。

　戦間期オーストリアの学校改革の最大の特徴は、レーアプラン改革が国家レベルで取り組まれたということである。つまり、ドイツをはじめとする新教育運動に見られたような、ある一人のカリスマ的な理論家、実践家がいたわけでもなく、またそのような指導者に共感する小さな教師集団が一つの学校で、あるいは地域で運営する学校で行われたわけでもなかった。改革当初はオーストリア全土で、あるいは一定期間改革が継続した範囲で見ても、少なくともウィーンにあるほとんどの学校で、多くの教師がこの改革にたずさわることになったのである。戦間期オーストリアの学校改革は、200万人規模の大都市において、劣悪な労働条件で働く両親を持つ子どもたちに、教育を保障しようという取り組みであった。レーアプラン改革はその土台だったのである。

【注】

1　Die Jungenは、1892年に若い教師たちが自分たちの地位向上のためにはじめた運動である。この運動に対して、当時の人々は「あぁ、あの若者たちか…」（"Oh, das sind ja nur Jungen"）と軽視して呼んだところから、運動者たち自身が自分たちの運動にDie Jungenという名称をとった（Papanek, *The Austrian school reform*, p.39.）。

2　Bernd Hackl, *Die Arbeitsschule Geschichte und Akutualität eines Reformmodels*, Verlag für Gesellschaftskritik, 1990, S.97.

3　Oskar Achs, Albert Krassinigg, *Drillschule Lernschule Arbeitschule Otto Glöckel und die österreichchische Schulreform in der ersten Republik*, Jugent und Volk Wien München Verlag, 1974, p.64.

4　彼は、ロカルノ、ミュンヘン、ハイデルベルグ、ヘルシンキ、ベルリンなどで開かれた教育会議に精力的に出席し、また講演した。また、スイス、ドイツ、デンマーク、スウェーデン、ノルウェーの教育現場を視察した。全てのこの彼の行動は、オーストリアの学校の発展を促し、新しい刺激を受けるためだったのである（Ebenda, S.153）。

5　Glöckel, *Die österreichische Schulreform*, S.43.

6 Glöckel, *Das Tor der Zukunft*, S.36.
7 Wilhelm Weinhäupl, *Pädagogik vom Kinde aus Viktor Fadrus Ein Leben für die Schulreform*, Jugend und Volk, 1981, S.14-15.
8 Fischl, *Schulreform Demokratie und Österreich 1918-1950*, S.27.
9 Oelkers, *Reformpädagogik*, S.264.
10 Papanek, *The Austrian school reform*, p.60.
11 Ludwig Boyer, Das Erstlesewerk "Frohes Lernen", *Frohes Lernen*, 1948, Reprint 1996, ÖBV, S.10.
12 Otto Glöckel, *Drillschule Lernschule Arbeitsschule*, Verlag der Organisation Wien der Sozialdemokratischen Partei Wien, 1928, S.13.
13 *Ausführungen*, 1919, S.3.
14 Otto Glöckel, *Ausführungen des Unterstaatssekretärs für Unterricht über den Stand der Schulreform in der Ausschusses für Erziehung und Unterrichit, am 15. Juli 1920*, Österreichische Staatsdruckerei, 1920, S.2.(以下、*Ausführungen*, 1920と略す。)
15 Hans Fischl, *Wesen und Werden der Schulreform in Österreich*, Deutscher Verlag für Jugend und Volk, S.99.
16 Ebenda.
17 *Ausführungen*, 1920, S.2.
18 *Lehrplan*, 1920, S.10, 11, 13, 14.
19 Ebenda, S.10, 11, 13, 14.
20 *Ausführungen*, 1920, S.2.
21 *Lehrplan*,1920, S.10-13,15.
22 Achs(Hrg.), *Schule damals- Schule heute*, S.38.
23 Richard Olechowski, Die KunstrerzieherInnenbewegung und die Wiener Schulreform der Zwischenkriegszeit, *Erziehung und Unterricht*, 2002, S.759-761.
24 Achs(Hrg.), *Schule damals- Schule heute*, S.38.S.38-39.
25 Viktor Fadrus Jun., Lehrer schreiben ihre Schulbücher selbst-Ein Versuch zur Schulbuchentwicklung im Jahr 1920, *Erziehung und Unterricht*, 1985, S.308-309.
26 Glöckel, *Die österreichische Schulreform*, S.20.
27 Oelkers, *Reformpädagogik*, S.276.
28 Primus-Heinz Kucher, Die Staatsbürgeriche Erziehung in der Schulreform der Ersten Republik im Spiegel der Parlamentarische Diskussion, *Die österreichische Reformpädagogik 1918-1938*, S.247.
29 *Lehrplan*, 1920, S.5.
30 Glöckel, *Die österreichische Schulreform*, S.21.
31 Ebenda, S.21-22.
32 Dottrens, *The New Education in Austria*, p.56.
33 Glöckel, *Die österreichische Schulreform*, S.22-23.
34 Ebenda, S.23.
35 Ebenda.
36 Ebenda, S.25.
37 Engelbrecht, *Geschichte des österreichischen Bildungswesens 5*, S.65-66.
38 Papanek, *The Austrian school reform*, pp.57-58.

39 Theodor Steiskal, *Pädagogische Versuchsarbeit in Österreich Pädagogisch-pschologische Arbeiten Teil I*, Deutscher Verlag für Jugend und Volk, 1922, S.42.
40 Glöckel, *Die österreichische Schulreform*, S.36-37.
41 Ebenda, S.39.
42 Siegl, *Reform of Elementary Education in Austria*, pp.112-113.
43 Ebenda, p.113.
44 Eva Tesar(Hrsg.), *Hände auf die Bank Erinnerungen an den Schulalltag*, Böhlau Verlag Wien Köln Weimar, 1992, S.231-232.
45 Ebenda, S.232-233
46 なお、この冊子は、現在、アックス氏が所蔵している。
47 Tesar(Hrsg.), *Hände auf die Bank*, S.233.(下部の引用も同様)

第2章　戦間期オーストリアの教員養成改革

　第1章で検討したレーアプラン改革が、教育現場に大きな変化をもたらすことになったのはいうまでもない。非常に単純化して言えば、改革の渦中にいた教員たちは、教科を分かたず郷土に即した内容を用意し、その中で子どもを自主的に活動するように促すことを求められるようになったのである。

　レーアプラン改革は教員による実践なしでは成立しないものである。したがって、オーストリアの改革において、教員養成改革がレーアプラン改革と同様に重点的に取り組まれたのは当然のことであった。グレッケルは、学校改革の精神を理解する教員たちが「授業を実践する」ことが、学校改革の成功の鍵を握ると考えていた[1]。改革の主要メンバーの一人であるテオドール・シュタイシュカル（Theodor Steiskal, 1876-1945）も次のように言っている。「学校改革は、決して閉じられた出来事ではない。その発展は、現場にいる教育者たちの理論的、実践的な飽くことのない取り組みによって支えられなければならない」[2]。

　戦間期オーストリアの学校改革では、どのような教員の養成を目指していたのだろうか。教員養成改革は、レーアプラン改革、教育制度改革に並ぶ学校改革における三つの問題領域の一つであった。本章では、教員養成改革を明らかにすることによって、戦間期オーストリアの学校改革の内実をレーアプラン改革とは別の方向から検討したい。また、教員養成改革は、レーアプラン改革と同時に教育省で取り組まれた後、ウィーン教育庁に改革の場所を移して取り組まれたことから、学校改革の進行の過程も明らかにすることができるだろう。その際、レーアプラン改革同様、この教員養成改革を支えたさまざまな環境整備にも目を向けることにしたい。

第1節　グレッケルの教員養成改革に対する理念
　　　　　──教員の貧しさと子どもの貧しさ──

　グレッケルは、自身の父親が教員であったこと、さらに自分の5年間の教員（正確には助教師）生活の経験から、その地位の低さ、劣悪な労働条件、とりわけ、カトリック教会の抑圧に疑問を感じていた。カトリック教会の支配下にあった学校は、カトリック教徒である教員だけが正教員となることができた。さらに教員には、休日を問わず、ミサや結婚式など教会行事の仕事が振り当てられるという実態があった。

　グレッケルが教員になった最初の年、担当する学級には60人が詰め込まれ、そのうちの3分の2が落第者であり、彼らの多くが昼夜を問わず、新聞配達などの仕事に従事していたという。カトリック教会の洗礼を受けていない子どもは卒業証書がもらえず、その両親は子どもに洗礼を受けさせなかったことで投獄された。助教師としてのグレッケルの貧しさは、学級の子どもたちの貧しさと同根のものであった。

　このような状況に身を置いた彼が、教員の地位向上および教育改革を志すようになるまでに多くの時間を費やす必要はなかった。とりわけ、教員養成改革に対するその思いは非常に大きなものであり、彼が教育省の次官補として入閣するや否や、第1章のフォルクスシューレのレーアプラン改革と並行して教員養成改革にも着手したのである。

　まず、改革前のグレッケルの言葉を聞いてみよう。そこに彼の教員養成改革に対する理念を見ることができる。

　グレッケルは、子どもたちが教師に「励ましの言葉も……頭に手を置いてもらうこともない」状況を憂い、教師の課題として、「知識の仲介」だけでなく、子どもたちが信頼を寄せるような「人間性」を求めている。教師は「繊細な思いやりと、十分に知識を持った手で……子どもの心に降りてゆき、彼らの特性を取り上げ……理解を持って歩み寄る」べき存在であるとグレッケルはいう[3]。さらに「どんな職業も、教師ほどに職業的喜びと自然な素質を必要としない」、「教師になる人は生まれながらにして教師である」と述べている[4]。

しかしながら、グレッケルは人格者としての教師像を教員養成改革に求めていたわけではない。むしろ彼は自身の教員経験から、教員養成については具体的な考えを持って臨んでいた。グレッケルによれば、教師は、教育活動の中で、その力量と技術が常に試されている。教師には、教育内容を把握し、多面的で変化にとんだ教材に対応し、さらに教育目的に応じた教育内容を設計できることが求められているという[5]。このような力量を持つ教員を養成するために、彼は、第一に「包括的で、深い一般教育」、第二に「専門においては多面的に精通」[6]できる教員養成カリキュラムが必要だと考えた。

　また一方で、グレッケルは、教員養成改革を、「教員養成(Lehrerbildung)」および「現職教育(Lehrerfortbildung)」という二つのアプローチで構想した。これは、レーアプラン改革を教育現場に迅速に浸透させる必要性を彼が実感していたことによるだろう。この二つのアプローチにはともに上記の「一般教育」および「専門教育」のカリキュラムが用意された。戦間期オーストリアの教員養成改革の特徴は、教員養成を「一般教育」と「専門教育」の柱で行うこと、そしてそれを新しい教員の養成だけでなく、現職教員の再教育にも適用したことにある。

第2節　教育省時代の教員養成改革への取り組み

　先述のとおり、グレッケルは1919年3月15日に教育省次官補として、キリスト教社会党と彼の属する社会民主党からなる連立政権に加わった。しかし、この政権は長く続かず、はやくも1920年10月22日には連立が崩壊した。そして野党となった社会民主党員のグレッケルもまた教育省を去ることになる。

　そこでまず、グレッケルの教育省時代の取り組みを概観する。短い在任期間にもかかわらず、ここには彼の教員養成改革の基本的方向が見出せるからである。

　グレッケルは1919年9月、「教員養成の新編成への指針(Leitsätze zur Neugestaltung der Lehrerbildung)」を発表し、その中で教員養成および現職教育のために、「多面的、徹底的な教員の養成を、大学あるいはそれに準じた高等教育機関で行う」ことを核に置いた[7]。この指針において、初等教育の教員になるためには最低2

年間、計4学期、中等教育の教員は5年間、計10学期の養成期間が設定された。

　この指針の基本理念は、先にも述べたとおり、「一般教育」と「専門教育」に精通した教員を養成することにある。一般教育とは、哲学および教育学をその内容とし、専門教育は主に、教科教育および教育実践に関する内容を指している。

　改革以前、特にフォルクスシューレの教員養成制度では一般教育が軽視されていた。フォルクスシューレの教員資格としては、中等教育を終了した段階(14-15歳)で助教師の資格を得、その後2年間の見習い期間を経るとされていたものの、「学問的な形成が十分ではなかった」[8]。実際にそれまでの制度では、外国語などの一般教養科目は十分な時間を確保できないことから、廃止されている状態であった。この実態に対し、一般教育には、大学の哲学科の講義があてられた。哲学科との合同によって行われる教員養成制度については、さらに、「必要ならば、大学に教育学研究科を別に分岐させて設置する」ことが指針に記された[9]。

　一般教育に対して、教員の専門性を高める教育は、ホッホシューレ(単科大学)に準じる教員養成機関において行われることになった。専門教育は、教育学的形成と教授学的形成の二つに関わる内容から構成され、前者では教育学の指導が、後者では職業としての教員の指導が行われる[10]。専門教育では、ゼミナールや実験などによる実習、教科教育や教材研究、実際の学校現場の見学やそこでの模擬授業の実施などが行われた[11]。

　このことによって、教師という職業を選択できる年齢が14-15歳から19歳に引き上げられ、かつ一般教育、専門教育を終了したものだけにその道が開かれることとなったのである。

　ところで、この教員養成改革では、新しい教員の養成だけでなく、現職教育が重要な意味を持っていた。当時、新しい教員の採用がなかったことを考えれば[12]、むしろこちらのほうにこそ、重点が置かれていたと考えられる。現職教育は、迅速な学校改革の浸透を願うグレッケルにとって、最短の道でもあったからである。この現職教育においても、一般教育と専門教育に重点が置かれていた。なお、現職教育のカリキュラムに関しては、次のウィーン教育庁の取り組みの中で取り上げることにしたい。

こうして、教育省時代のグレッケルの教員養成改革のカリキュラムは、一般教育と専門教育の領域から構成され、19歳からの教員養成と現職教育が改革の対象とされた。しかし、このグレッケルの案はホッホシューレの強い反対から、実現には至らなかった[13]。さらに、政党間の対立、そして社会民主党がそれに敗れた結果、グレッケルは志半ばで政権を去る。しかしその後も、ウィーンの教育庁においてレーアプランをはじめとする改革が継続されたことは先述のとおりである。もちろん教員養成改革もその例外ではなかったのである。

第3節　ウィーン教育庁における教員養成改革

　当時、オーストリアの中心地であるウィーンは、教員数、生徒数の多数を占めていたことから[14]、ここでの取り組みは全オーストリアの教育を導くものとして、中心的な役割を果たす意味を持っていた。志半ばで教育省を退いたグレッケルは、次に「ウィーン教育庁(Stadtschulrat für Wien)」において、自らの改革を継続することになる。この教育庁には二人の長がいた。ウィーン市長のカール・ザイツ(Karl Seitz, 1869-1950)とグレッケルの二人である。ザイツはかつてグレッケルとともに教員運動に参加していた仲間であり、この市長の理解を得たからこそ、グレッケルはウィーンにおいて改革を推し進めることができたといわれている[15]。

第1項　現職教育コースの設置

　ウィーン教育庁は、教員養成改革を行うための機関として、「ウィーン教育研究所(Das pädagogische Institut der Stadt Wien)」を設立した。1923年1月13日のことである。その前身は、「教員アカデミー(Lehrerakademie)」であった。ここの研究所長には、教育省時代からグレッケルの片腕として改革に貢献してきたファドゥルスが着任した[16]。ここでは、まず現職教育が取り組まれた。その際、教員の一般教育および専門教育に重点を置く教育省時代の改革路線が踏襲された。
　この研究所には、ウィーン大学およびウィーンの学校関係者が多く招聘された。たとえば、心理学のカール・ビューラー(Karl Bühler, 1879-1963)、シャルロッ

テ・ビューラー(Charlotte Bühler, 1893-1974)夫妻、個人心理学の始祖であるアルフレッド・アドラー(Alfred Adler, 1870-1937)、1919年のオーストリア憲法の起草者ハンス・ケルゼン(Hans Kelsen, 1881-1937)など、当時のオーストリアを代表する学識者たちが、グレッケルの学校改革に賛同し、協力を惜しまなかったのである。またこの研究所には、カール・ポパー(Karl R. Popper, 1902-1994)がソーシャル・ワーカーとして1925年から1927年までの約3年間在籍し、いくつかの論文を教育雑誌に残している。その後の彼の理論は、この間に教えを受けたビューラーの影響が大きいといわれている。また、ポパーの最大の論敵であったヴィトゲンシュタイン(Ludwig Wittgenstein, 1889-1951)もフォルクスシューレの教師として、1920-1926年の間、この学校改革運動に関わっていたのである[17]。

　教育省時代とは異なり、研究所はその学校改革に対する理解を大学等から広く得ることができた。教授学の指導には、改革を担った多様な人材があてられた。また、改革の理念に基づいた教育実習の指導に力が注がれた。それには400近いウィーンの実験学級が、学校見学、実験授業、模擬授業の受け入れ先となり、実践を重視した教員養成を可能としたのである[18]。

　表4は1923年1月15日に始まった講義とその担当者である。講義および実習はAからFの6つの領域に分けられ、48の講義と、別に実習が設けられた。

　表4には載せなかったDからFの領域について簡単に触れておく。Dは、現職教育のための実践に関する講義で、ウィーンの実験学級、実験学校に訪問することによって行われた。Eはミッテルシューレの修了資格を持たない教員のための補完試験に備えるコースで、試験科目である外国語と数学が開講された。さらにFは専門教育のための講義であり、先にも述べたようにホッホシューレ、あるいは大学で選択することになる。あとに示す表7は、1925年に教員養成コースが設置されたときの選択科目とその受講者数であるが、その多様な科目はこの現職教育コースから引き継がれたものである。

　研究所が用意したカリキュラムは、哲学から教育学、教授学、教科教育、さらには教員採用試験のための講座など多岐にわたり、改革を前進させるためだけでなく、当時の教員の現状にあわせたものになっていることがわかる。これは、グレッケルをはじめ、改革の指導者たちの多くが教員の経験を持ち、その

表4 開講講義一覧(AからCまで)

A. 哲学的教育学の講義と実習	
児童の精神的発達	K.ビューラー
児童心理学実習	K.ビューラー
哲学基礎	O.エヴァルト
社会学と歴史哲学概説	W.イェルサレム
生徒の表現指導概説	L.バッティスタ
労作教育学概説	E.ブルガー
B. 養護教育の講義	
児童および青年の心理的障害	E.ラツェル
聴覚障害児とその学校教育と家庭教育	F.ビッフェル
生理学、病理学および発声と言語の療法	E.フレッシェルス
C. フォルクスシューレおよびブルガーシューレの教授学講義	
初等教育の新しい方法	A.チィネッカー
自由作文の発達段階	K.リンケ
グルントシューレにおける言語教育	K.リンケ
計算と空間教授の方法の基礎としての子どもの発達	K.ファルク
郷土の歴史教授実習	E.ヴェイリッヒ
博物教授	F.シュトラウス
体操	ダイジンガー
子どもの表現からの造形および描写	R.ローテ
自然な書き方教授	A.レグリューン
図画教師の理論的実践的形成	O.ライナー
身体教育	K.ガウルホーファー
音楽教授	H.エンデルス

下線は引用者。グレッケルの学校改革に主となって貢献した指導者たちである。
(Hermann Schnell, *100 Jahre Pädagogisches Institut der Stadt Wien*, Jugend & Volk, 1968, S. 82-84を参考に引用者作成。)

現状を把握していたことによると思われる。

　研究所開設の2年目にあたる1923/24年度には、登録者数は2,820人にのぼり、60人の講師による80の講義および実習が開講された。当時、ウィーンの教員数が7,000人だったことを考えると、半数弱がこの改革に参加していたと考えられる。さらにその翌年には、3,361人(うちウィーンからの参加者3,003人、ウィーン周辺232人。新しく設置された教員養成コース126人――これについては後述)が登録し

た[19]。これらのことは、グレッケルを初め、改革の指導者たちに、教員の教育への意志の強さ、すなわち教員の多くが新しい教育のあり方を求めていたのだということを改めて確認させた。これはまた見方を変えれば、開講された講義の多様性、専門性の高さが、広く教員たちに受け入れられたことを示しており、これが「学校改革の前進」を意味するものとして、グレッケルらを大いに勇気付けた[20]。

第2項　教員養成コースの設置

　1925年、研究所に新たな動きが見られた。1919年以来途絶えていた、新教員の採用が見込まれるのである[21]。これを受けて、1925年7月17日、正式に2年間、計4学期制（約130時間）のホッホシューレに準じた教員養成コースの設置を定めた、「ウィーン教育研究所の組織規約」が決定された[22]。こうして教員養成の本来的な目的、すなわち新しい教員を新しい制度およびカリキュラムで養成することがようやく可能になったのである。

　この教員養成コースでは、原則としてミッテルシューレ修了者、およびそれに準じた教員養成施設の修了者が入学を許可された。哲学および専門に応じた学問的教育はホッホシューレにおいて行われ、教育実習は教育庁附属の学校において行われる。こうして1925年10月12日、126人（うち女性は65人）の入学者を迎え、ウィーン教育研究所での教員養成コースの新学期が始まった[23]。

　教員養成コースの履修時間表（表5）、およびそれを踏まえた4学期制のモデルカリキュラムを以下にあげる（表6）。

　表5および表6からわかるように、この教員養成コースのカリキュラムの特徴は、履修時間のおよそ半分が教育学にあてられていることである。具体的に見ると、139時間の履修時間の中で、教育学に関連する講義が69時間あり、さらにそのうち50時間がフォルクスシューレの教育方法、教材研究および教育実習にあてられている。これは、教員養成が「学校実践から隔絶された」教育理論だけではなく、あくまでも「理論と実践の間にある矛盾をこの教員養成において解消する」ためであった[24]。

　教員養成カリキュラムの中の教育実習において、重要な役割を果たしたのが

表5　履修時間表

講義および実習	時間
哲学	8
古代哲学の入門を含む現代の哲学史	4
哲学入門(倫理学、論理学、認識論、美学)	2
哲学ゼミナール	2
心理学	16
心理学概論	2
実験心理学	2
青年心理学	3
芸術鑑賞と創作の心理学	1
青年期の精神病理学	2
心理学ゼミナール	6
補助教科	14
身体的発達、特に青年期	2
学校衛生と学校医の実践	1
青年福祉	1
障害児教育の設備	2
社会学	2
オーストリアの一般市民法と州法	2
オーストリア学校法	2
国民経済	2
教育学	69
一般教育科学	3
一般教授学	3
教育史	6
教育学ゼミナール	4
現代教育制度、特に学校類型、世界大戦以来の国内外の教育、現代の教育学の傾向	3
フォルクスシューレの教育方法、教材研究	25
教育実習(見学、実践、話し合い)	25
選択教科*	20
フォルクスシューレの分科の一つ：科学、芸術、技術	20
身体教育	12
合計　4学期	139

　　＊　選択教科については表7を参照のこと。
(Viktor Fadrus, *Beiträge zur Neugestaltung des Bildungswesens*, Jugend & Volk, 1956, S.124を参考に筆者作成。)

研究所内の附属学校である。これは5学年5学級からなるフォルクスシューレで、ウィーン教育庁の管理の下に運営され、前章で検討したレーアプランに基づいた授業が行われていた。この附属学校の設置によって、教員養成のカリキュラ

表6　4学期制のモデルカリキュラム

	第1学期	第2学期	第3学期	第4学期
哲学	現代哲学史入門Ⅰ 哲学原理：性質と知識	哲学史入門Ⅱ 哲学原理Ⅱ：意識と歴史	哲学原理Ⅲ 倫理学と美学	現代哲学 哲学実習
心理学	一般心理学 初学者用のための心理論理学実習	実験心理学 心理学ゼミナールⅡ	青年心理学 心理学ゼミナールⅢ 芸術鑑賞と創作の心理学	青年の精神病理学
補助教科	人間体質学 演説法と学校祭の準備	学校衛生と学校医の実践 演説法	オーストリアの政治 芸術鑑賞児童福祉	オーストリア学校法 国民経済 障害児教育
教育学理論	教育科学 教育科学実習 教育学ゼミナールⅠ	一般教授学 教育史Ⅰ 教育学ゼミナールⅡ	教育史Ⅱ 教育学ゼミナールⅢ	教育史Ⅲ
教授方法	合科教授の理論と実践 初等教授 子どもの話す訓練Ⅰ 絵画と手工 音楽教育 体操　作業場教授	教授方法（郷土・生活科） 教授方法（博物） 絵画と手工 音楽教育	数学、幾何の教授方法 絵画と手工 正書法の方法 音楽教育	子どもの話す訓練Ⅱ グルントシューレの教授方法 絵画と手工 音楽教育
教育実習	教育庁内、あるいはウィーン市内のフォルクスシューレ訪問	第1学期と同様に訪問 ウィーン市内のさまざまな学校での教育実習	第2学期と同様に訪問および実習 教育機関および福祉施設の訪問	第3学期と同様に訪問および実習 障害児教育施設の訪問
選択＊	週6時間	週6時間	週6時間	週6時間
身体教育	体操3時間 ハイキング 冬のスポーツ	体操3時間 水泳指導 ハイキング	体操3時間 冬のスポーツ ハイキング	体操3時間

＊は表7のように、ホッホシューレまたは大学で自由に選択する講義のことである。
（Viktor Fadrus, *Beiträge zur Neugestaltung des Bildungswesens*, Jugend & Volk, 1956, S.124.）

ムに理論と実践を有効に盛り込むことが可能になったのである。

　この附属学校で実習する学生たちは、新しい教育の理念、原理、方法を学ぶことができた。教育実習は段階的に設定された。例えば、表6の教育実習の欄を見ると、第1学期では学校の訪問のみとされ、第2学期において初めて、授業での実習が導入されることがわかる。つまり、まず学生は子どもたちのさまざまな活動に携わり、次に指導教師のもとで一日数時間教えながら、徐々に一日

第3節　ウィーン教育庁における教員養成改革　57

表7　ホッホシューレおよび大学での選択科目の講義一覧と受講者数

哲学	10人	国家学	2人	動物学	7人	芸術史	4人
教育学	6人	地理学	24人	身体学	126人	音楽学	5人
心理学	30人	民俗学	5人	植物学	33人	古典文学	1人
ドイツ語学・文学	35人	世界学	4人	地質学	3人	体育教員コース	4人
歴史	11人	数学	8人	物理学	2人		

教員養成コース開設の初年度、すなわち1925年冬学期に、ホッホシューレで開講された講義名と受講者数である。
（Weinhäupl, *Pädagogik vom Kinde aus*, S.140.）

全部の時間を持ち、最後には独立して授業を行うことができるようにカリキュラムが組まれている。この学校現場の訪問および実習が、教育学の講義やゼミナールと連動していることも大きな特徴である。

　さらにこの附属学校では、学校改革を推進するために、グループ教授や、能力別学級、男女共学あるいは別学など、さまざまな教授学的試みが行われ、子どもの能力に関して大都市の他の学校との比較研究などもなされていた。また教員養成改革に当初から大きく貢献したビューラー夫妻によって、心理学研究も行われていた[25]。つまり、現職教育コースおよび教員養成コースの参加者たちには、授業見学、模擬授業など実践的な指導の受け皿として附属学校が用意されており、彼らはそこで最も新しい教育理論と実践の両方に触れることが可能だったのである。

　教育庁での4学期の課程を経た学生には、最後に試験が課された。中等教育修了の資格を持ったものは、教員養成機関による教育学を基本とした試験に通らなければならなかった。その資格のないものは、中等教育の試験として、2種類の外国語と高等数学に合格する必要がある。加えて、学生は主専攻と心理学の副専攻として、教育学に関する論文を求められた。ただし、心理学の代わりに、哲学、社会学、政治学(学校法を含む)、あるいはほかの補助教科を代用させることができた。また6つの領域(哲学、心理学、補助教科、教育学、教授方法、選択)の中から一つを選択し、その口頭試験に合格してはじめて修了したと認

定された。

　この教員養成コースの取り組みは1925年から1930年まで実施され、この間327人の入学者から299人が教員資格を得た[26]。ウィーン教育研究所において最初の教員養成コース修了者が出た1927年から1934年の間、ウィーンではこの修了者のみを教員として採用したのである[27]。

第4節　教員養成改革を支えた環境

　ここまで、教育省およびウィーン教育庁における教員養成の制度やカリキュラムを検討してきたが、これらを支えてきた周辺にも目を向けることによって、教員養成改革の包括的な姿を描き出しておきたい。この作業は教員養成改革という本章の課題にとどまらず、戦間期オーストリアの学校改革そのものの実態を明らかにすることにもなるだろう。

第1項　教育中央図書館の整備と教育雑誌の普及

　オーストリアの教員養成改革が、一般教育と専門教育の二つの柱で取り組まれたことは、繰り返し述べてきた。このことはそのカリキュラムだけに見られることではない。1924年10月18日、教員の「学問的活動の前提および補完」のために、「教育中央図書館（Pädagogische Zentralbücherei）」が設立された[28]。その規模は、教育に関する図書館としてはヨーロッパ一の蔵書を誇る大きなものであった。1924年設立当初の蔵書数25,000冊は、4年後にはおよそ130,000冊にまで増やされた[29]。また開館以来1929年までに、143,000冊が73,000人に貸し出されたという記録もある[30]。

　さらにこの図書館では、学校改革のために出版されていた教育雑誌『Schulreform』や『Die Quelle』が無料で配布され、また同じく各学校にもこれらが無料で配布された[31]。前者は、ファドゥルスが編集代表となり、教育理論や教育政策の観点から編集された雑誌であり、後者は、ブルガーらが編者となって、主に教授学や実践の問題を扱った雑誌である[32]。

　他にも、グレッケルは、各地を講演して回り、教師だけでなく、一般市民に

図8　教育中央図書館の閲覧室
（*Zehn Jahre Schulreform in Österreich*, 1929）

対しても広く改革の理念、方法の普及につとめた。グレッケルのこのような活動に刺激を受けて、各地の教師集団は自発的に研究サークルを作り、その数は16,000に上ったとされる[33]。これらのことは、研究所のコースに参加できない教員にも学校改革について広く理解を得ようとした、グレッケルの教員養成改革の一環と考えられる。

第2項　教員集団の支持

　戦間期オーストリアにおける教員養成改革は、すでに述べたように現職教育も含めたかたちで進められた。しかしながら、この現職教育コースに参加できた教員たちの数はやはり限定的なものであり、改革理念の普及、新しいレーアプランによる実践の浸透には、上記のような図書館の整備や教育雑誌の配布が必要であった。

　レーアプランの普及は、教員への啓蒙と不可分の関係にあることは言うまでもない。その両方を同時に満たすために、ウィーン教育研究所の所長ファドゥルスと教育雑誌『Die Quelle』の編集代表であったブルガーによって『教員図書シ

表8 オーストリアの実験学級数

州	1919／20年度		1920／21年度		1921／22年度	
	実験学級教員数	臨時学級教員数	実験学級教員数	臨時学級教員数	実験学級教員数	臨時学級教員数
ウィーン	156		168		196	104
ニーダーエストライヒ	57		106		10	105
オーバーエストライヒ	—		11		54	21
シュタイヤマルク	25		54		60	101
ザルツブルク	4		17		22	14
ケルンテン	11		25		31	8
チロル	—		4		7	7
フォアアルベルク	—		—		29	3

(Theodor Steiskal, *Pädagogische Versuchsarbeit in Österreich II.Teil. B. Pädagogische-didaktische Arbeiten*, 1922, S.153.)

リーズ(Lehrerbücherei)』が刊行された。このシリーズに『オーストリアにおける教育学的取り組み』という興味深い一冊がある。同書の内容は、子どもの心理学調査の統計のほかに、教員が労作教育に取り組んだ際の感想や親の聞き取り調査などが記されている。

　本章の課題である教員養成という視点で、より広くは、新しい教育方法に対する教員への普及という視点で同書を見ると、実験学級数の急増が注意を引く。表8は、オーストリア全土において労作教育実践に参加した学級数(教員数)である。臨時学級教員数というのは、実験学級に指定されなかったが、任意で参加を希望した学級(教員)だと考えられる。表から明らかなのは、当然のことながらまず、ウィーンの参加数が多いこと、次にほぼ半年を置いた学年暦でどの州も倍増していること、さらに臨時学級教員数が実験当初からウィーンとニーダーエストライヒ州(ウィーンを取り囲んでいる州)に多いことである。

　改革の初年度からウィーン周辺だけで200以上の実験学級を配備し、さらに任意に改革に応じた学級がそれよりも多い250以上であることは、ドイツの新教育運動においては見られなかった数字である。もちろん、改革の下地は、グレッケルらの改革派によって第1次世界大戦以前から運動としてあったものの、ここに示された数字は、ウィーンとその周辺において改革が広く支持されていたこと、またもちろん多くの教員たちによって支持されていたこと、加えて、

この統計以降にも、現職教育コースやその周辺の教育機会に参加したより多くの教員たちが改革を広めたのではないかということを推測させるのに十分である。

　教員養成改革を、教育省からウィーン教育庁へと継続されたその過程および改革周辺の環境整備や記録から見ていくことによって、この改革の全体像が浮かび上がってきた。すなわち、この教員養成改革は、制度という外側からの改革だけではなく、教員集団としての「内から」の力によって押し広げられたものであったのではないかということである。戦間期オーストリアの学校改革が「内なる改革」において成功したといわれていることは、序章で取り上げたとおりである。そこで示された「内」ということばは、教育内容や方法を指すだけでなく、それを使って働きかける教員という、教育の「内」なる存在である教員からの改革であることを示していると読み取ることは飛躍しすぎたことではないだろう。

【注】
1　Hermann Schnell, *50 Jahre Stadtschulrat für Wien*, Jugend & Volk, 1972, S.54.
2　Steiskal, *Pädagogische Versuchsarbeit in Österreich Pädagogisch-pschologische Arbeiten Teil I*, S.25.
3　Glöckel, *Das Tor der Zukunft*, S.38-39.
4　Ebenda, S.40.
5　Ebenda, S.41.
6　Ebenda, S.45.
7　*Ausführungen*, 1920, S.2.
8　Weinhäupl, *Pädagogik vom Kinde aus*, 1981, S.124.
9　*Ausführungen*, 1920, S.3.
10　Weinhäupl, *Pädagogik vom Kinde aus*, S.126.
11　Ebenda, S.126.
12　Ebenda, S.135.
13　Ebenda, S.128.
14　1922年当時、オーストリア全体の生徒数150万人、教員数24,000人に対して、ウィーンは生徒数25万人、教員数10,500人であった（手塚甫「オットー・グレッケルと教育改革」『北里大学一般教育紀要』第7号、2002年、P.88）。
15　手塚、同上論文、P.87。
16　Weinhäupl, *Pädagogik vom Kinde aus*, S.129.
17　Ebenda, S.130, 青木英実「1925～1932年初期論文におけるカール・R・ポパーの思想形成と『新

教育』――初期教育学的諸論文と『認識論のふたつの根本問題』を中心に――」『教育哲学研究』第74号、1996年、pp.1-15、小河原誠『ポパー：批判的合理主義』講談社、1997年、p.53,63。
18 Weinhäupl, *Pädagogik vom Kinde aus*, S.131.
19 Ebenda, S.134.
20 Ebenda, S.134-135.
21 Ebenda, S.135.
22 Ebenda, S.135.
23 Ebenda, S.136.
24 Ebenda, S.138.
25 Ebenda, S.140.
26 Ebenda, S.142.
27 Papanek, *The Austrian school reform*, p.92.
28 Weinhäupl, *Pädagogik vom Kinde aus*, S.130.
29 Schnell, *50 Jahre Stadtschulrat für Wien*, 1972, S.56.
30 Fadrus, Zehn Jahre Schulreform und Schulpolitik in Österreich, S.41.
31 Glöckel, *Die Österreichische Schulreform*, S.40.
32 Papanek, *The Austrian school reform*, p.92.
33 デュペルティウス（飯田晃三訳）「ウィーンに於ける學制改革及び統一學校」『教育思潮研究』第2巻第1輯、1928、p.391（Depertuis, J. La Réforme scolaire et l'É cole unique á Vienne, L' Education, Avril, 1928）。

第3章　エドゥアルト・ブルガーの労作教育論
―― その目的論に焦点をあてて ――

　第1章および第2章で見たように、グレッケルは労作学校への改革を指揮する中で、レーアプランや教員養成改革を断行した。ただし、彼自身は教員の経験はあったものの、帝国崩壊前から教員の地位向上を求める運動に参加していた社会民主党所属の政治家であったことから[1]、とりわけ実践に関わる教育理論には明るくなかったといわれている[2]。つまり、第1章で考察したグレッケルのレーアプラン改革には、それを支える理論家たちが存在していた。彼は教育省の学校改革局に招聘した教育学者にその理論的、実践的考えの多くを求めたと考えられる。本章および次章では、戦間期オーストリアの学校改革の理論的背景としての労作教育論を明らかにする。

第1節　学校改革の理論的背景の存在

　オーストリアの労作学校への改革にはどのような理論的背景があったのだろうかと考えると、一人の人物が浮かび上がってくる。エドゥアルト・ブルガー(Eduard Burger, 1872-1938)である。
　学校改革局の労作教育部門の代表を務めたブルガーは、グレッケルが改革の同朋として呼んだ32人の中の一人である。ブルガーは、1913年、旧帝国内で初めてとなる教育学の博士号をプラハ大学で取得し、翌年、『労作教育学(Arbeitspädagogik)』を出版した[3]。小林澄兄によれば、『労作教育学』の名を冠したドイツ語による著作は、ブルガーとヴォルフ(A.Wolff)以外になく、ヴォルフの

図9　ブルガーの肖像画

それは1925年出版であることから、ブルガーが労作教育を「労作教育学」として提示した最初の人物とみなすことができる[4]。

また、ブルガーは、オーストリア最古の教育雑誌『Österreichischer Schulboten』の編集代表を1916年からつとめ、この国を代表する教育学の研究者としての地位を確立した。同年、この雑誌は『Monatshefte für Pädagogische Reform（教育改革のための月刊誌）』と改められ、開始直前の学校改革の基盤づくりの役割を果たした。1922年に改革の中心地がウィーンに移ってからもブルガーが編集代表をつとめ、その名称を『Die Quelle』に変更した。この雑誌は、1936年から1945年までの中断を経るものの、現在でも『Erziehung und Unterricht』というオーストリアの代表的な教育雑誌である。2000年には発刊150周年記念号が出版され、その中で著者ボイヤー（Ludwig Boyer）は、ブルガーが編集代表を務めた期間を、オーストリアにおいて教育学が発展した一時代とし、その要因にこの雑誌の影響をあげている[5]。

先述のとおりブルガーは、政治嫌いとして知られており[6]、グレッケルと政治的使命を同じくするものではなかった。しかしながら、学校改革の理念に共鳴し、1922年、グレッケルが教育省を去りウィーン教育庁に移ったときには、ブルガーもそれに続いた。また、故郷のプラハ大学やドイツの名門イエナ大学から教授としての誘いがあったが、ウィーンを去ることはなかった。ウィーンの視学官、教育研究所の講師の職にとどまり続けたのである。グレッケルとブルガーのこのような関係は、グレッケルの改革理念が党派を超えて理解されていたことを示すものであろう。そして、オーストリアにファシズム政権が登場し、グレッケルが教育庁の彼の執務室で逮捕された1934年、ブルガーも引退したのである[7]。

第2節　ブルガーの労作教育論の位置づけ

　ブルガーの労作教育論そのものの考察に入る前に、その前提となるところについてふれておきたい。それはブルガーの労作教育論の当時における改革教育学の中での位置づけである。

第1項　改革教育学における位置づけ

　労作教育運動は、改革教育学の潮流において、特に子どもの自立性と活動ということに焦点をおいた一つの「学校モデル(Schulmodell)」である。労作教育あるいは労作学校運動の分類は論者によって異なり、統一的な見解を見いだすことは難しい。しかしながら、多様な分類に共通する枠組みを抽出すれば、以下のように大きく二つの分類が考えられる。

　まず、ヘルマン・ノール(Herman Nohl, 1879-1960)によれば、ペスタロッチからの流れとマルクス主義の流れが、労作学校の二つの「源泉」である。前者は、ペスタロッチ、フレーベルからケルシェンシュタイナー(Georg Kerschensteiner, 1854-1932)やガウディヒ(Hugo Gaudig, 1860-1923)らにいたる流れを指し、後者は、ザイデル(Robert Seidel, 1850-1933)、エストライヒ(Paul Oesterich, 1878-1959)、ブロンスキー(Pawel Petrowitsch Blonskij, 1884-1941)などの社会主義的労作学校と生産学校の流れを指す[8]。二つの労作学校運動の流れは、以下のように労作概念の相違によって分類することができる。

　ブルガーの『労作教育学』に学ぶところの大きかった小林澄兄(1886-1971)は、モイマン(E.Meumann, 1862-1915)を引用しながら、労作を、経済的・生産的労働と同一視するもの、教育上の手工的労作の重要性を強調するもの、自己活動による自立性への形式概念とするものという三つに分類している[9]。経済的・生産的労働と同一視される労作は、ノールの分類ではマルクス主義による労作の概念にあたり、労作を労働につながるものとみなすものである。ノールの分類によるペスタロッチからの流れは、小林によれば、ケルシェンシュタイナーとガウディヒの二つに分けることができる。

　ノールと小林の分類の差異は、ノールが運動上の労作学校の種類によって分

類し、小林が労作の概念上の区分によって分類していることから出てきたものである。では、ブルガーの労作教育論は、それぞれの分類のどれに相当するのだろうか。まず、ブルガーの労作教育論がマルクス主義のそれでないことは明らかである。この点に関しては、ブロンスキーとの比較から後に論じたい。次に、ノールの分類ではペスタロッチからの流れに、さらに、小林の分類では、労作を自己活動による自立性への形式概念とするものに、ブルガーは相当するだろう。それは、小林自身が、ガウディヒとブルガーを同様にみなしていることからもわかる。

ブルガーの労作教育論の位置づけをより明確にするために、以上の分類に、オーストリアのグラーツ大学のハックル(Bernd Hackl,1953-)の分類を重ね合わせてみる。

ハックルは労作学校の理論とモデルを大きく6つに分けて考察している。ケルシェンシュタイナー、人格教育学(ガウディヒ、シャイプナー)、手工教授(ザイニヒ)、オーストリアの学校改革(ブルガー)、徹底学校改革者同盟(エストライヒ)、総合技術教育(ブロンスキー)である。括弧内には、ハックルが取り上げた労作学校論者を示した[10]。ハックルの分類は労作学校の型によるものであり、小林による労作概念の分類にしたがえば、徹底学校改革者同盟や総合技術教育は、マルクス主義による労働学校として合わせることができる。また、手工教授はケルシェンシュタイナーと合わせることができるだろう。

問題は、小林の分類においてガウディヒとブルガーが同様とみなされている点と、ハックルの分類において、オーストリアの学校改革がガウディヒとは異なるものとされている点が、一致しないことである。したがって、本章では、ガウディヒとブルガーの相違を検討しなければならないだろう。ここで取り上げたノール、小林、ハックルの三者による分類をまとめたものが表9である。

ハックルがブルガーの功績を「実態的に分化させてオーストリアの学校改革概念をあらわした」[11]と評価しているものの、下記のように同じカテゴリーに分類されることもあるケルシェンシュタイナーやガウディヒらとの比較を含めた労作概念の検討を行っていない。それは彼が改革教育学の中でのオーストリアの労作学校の型に分析の主眼を置いていたからであり、改革の展開とともにブ

第2節　ブルガーの労作教育論の位置づけ　67

表9　労作教育の分類

ノール	小林澄兄	ハックル
ペスタロッチからの流れ	手工的労作	ケルシェンシュタイナー
		手工教授(ザイニヒ)
	自己活動による自立性への形式概念	人格教育学(ガウディヒ・シャイブナー)
		オーストリアの学校改革(ブルガー)
マルクス主義	経済的・生産的労働と同一視	徹底学校改革者同盟(エストライヒ)
		総合技術教育(ブロンスキー)

(筆者作成)

ルガーの労作教育論の特質を見いだすという視点は希薄であったと思われる。

第2項　日本における位置づけ

　次にブルガーの労作教育論が、日本においてはおよそ80余年前にどのように受容されていたのかについて触れておきたい。このように日本に限定する理由としては、1920年代から1930年代になされたブルガーの労作教育論に対する評価が、これまでその妥当性を検討されないままに現在に至っているということがあげられる。本章では、先行研究のブルガー評価を再検討することによっても、ブルガーの労作教育論の特徴を明らかにしたい。

　ブルガーは、現在ではその名をほとんど知られていない人物であるが、1920年代後半から1930年代にかけては、日本においてもかなり多くの教育学者によって参照されていた。労作教育という改革教育学の中心の一つであった思想を輸入する中で、ケルシェンシュタイナーやガウディヒのようなドイツを代表する論者とともに紹介されていたのである。中でも小林澄兄はブルガーにかなりの影響を受けたと考えてよいだろう。たとえば彼の著作『労作教育思想史』(初版1934年)においては、注で「なおブルガー(Burger,1872-1938)のこの書は本章を草するにあたり、多くの点で参照したが、煩を避けてその個所をいちいち挙げずにおく」[12]と断るほどに多くを引用している。「この書」とは、ブルガーの『労作教育学』の第二版(1923年)を指している。また、序章でも触れたが、田花

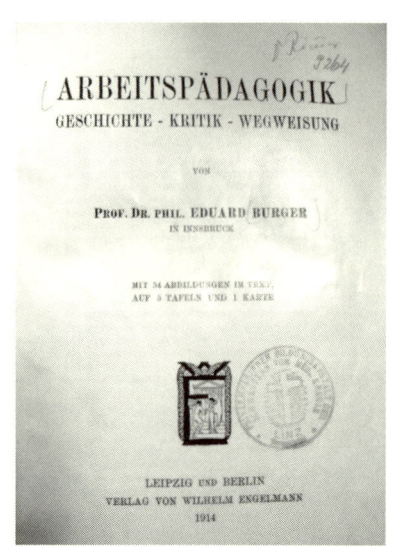

図10 『労作教育学』(初版)の中表紙
副題に「歴史・批判・指針」とある。

為雄は「オーストリアは早く既に労作教育方面に獨自の道を進んで居つたのであって、1914年ブルゲルの画期的大著『労作教育学』は実にこれを物語るものである」[13]とし、ブルガーとオーストリアの労作教育の関係に触れている点が興味深い。さらに、後述する入澤宗壽(1885-1945)、竹井彌七朗のほかにも、篠原助市(1876-1957)、北澤種一(1880-1931)、真田幸憲、梯英雄らが『労作教育学』を参照もしくは引用している。なお、小林をはじめとする彼らの多くが手にとっていたのは、第1版(1914年刊行)ではなく、第2版(1923年刊行)であった。それは、1920年以降のオーストリアの学校改革が世界に評価される中で、ブルガーの著作も次第に知られるようになり、日本の教育学者の手にも渡るようになったためではないかと推測される。

このようにブルガーの『労作教育学』が日本において重宝されたのには、この書の前半部に労作教育史の総括があるからだと考えられる。この書は大きく分けて三つの部分から構成されている。まず、労作教育の歴史的総括、次に、これまでの労作教育への批判、最後に、現代の労作教育の指針である。第一の歴

史的総括については、ブルガー自身も「序」において、「労作原理の歴史の包括的で根源的な考察」であること、「歴史的・教育学的観点から資料を収集」したことをこの書の特徴として述べている[14]。小林らがよく参照していたのは、労作教育の歴史的総括と批判の部分である。一方で、労作教育への指針に関しては、その意義をあまり検討していなかったように思われる。

では、ブルガーの労作教育論は当時どのように理解されていたのだろうか。入澤宗壽は、ブルガーの『労作教育学』以降、労作の精神的活動を重視する方向が顕著になり、さらに労作の「目的、過程を追求する」思想が発展したと解説した[15]。竹井彌七朗は、この『労作教育学』によって、労作教育論が「一般教育学にまで押し進められた」[16]と高く評価している。小林澄兄は、ブルガーが労作を狭義と広義に分け、その広義に精神的活動を取り入れたことに着目し、ブルガーをガウディヒの思想により近いものとした。すなわちガウディヒが精神的活動に傾倒しすぎたという批判は、ブルガーにもそのまま当てはまるとしたのである[17]。

以上の先行研究をふまえると、ブルガーの労作教育論の特徴を明らかにするためには、まず、彼の労作の定義を押さえておくことが必要であろう。次に、同時代の労作教育論者でもっとも著名なケルシェンシュタイナーとガウディヒとの比較を試みることで、当時の労作教育論におけるブルガーの位置づけを明確にしたい。

第3節　ブルガーの労作の定義

ここでは、ブルガーの労作の定義を、その定義に至った経緯を踏まえながら明らかにする。結論から先に言えば、ブルガーは著書『労作教育学』の中で、労作の定義を狭義と広義に分け考察した結果、労作を「精神的・身体的活動(psycho-physische Betätigung)」とした。狭義における労作は、身体的活動、特に「手の活動(Handarbeit)」を意味しており、広義ではそれに精神的活動を加えたものを意味している。

広義としての労作、すなわち労作は「精神的・身体的活動」であるとした前提

として、ブルガーの「労作教育（Arbeitserziehung）」のとらえ方を見ておかなければならない。「労作教育」という言葉は、「労作への教育（Erziehung zur Arbeit）」と「労作による教育（Erziehung durch Arbeit）」という二つのとらえ方ができる。前者の「労作への教育」は、労作自体を目的とすることによって、他の目的を遮断してしまう。それに対して、「労作による教育」は、他の目的に開かれていることから、教育の普遍的な目的である「人間陶冶」（Menschensbildung）が可能である（S.348-349）。

以下ではブルガーの「労作による教育」を前提とした労作の定義づけの経緯を明らかにする。その経緯は、およそ三つの要因から説明できると考えられる。なお、「人間陶冶」という目的については、次節で論じたい。

第1項　普遍的な原理としての労作教育

ブルガーが労作の定義を広義においてとらえたのは、労作教育論をすべての学校段階に普遍のものとして位置づけるべきだと考えていたからである。

身体的活動としての労作には「教科としての労作教育」と「方法としての労作教育」という二つの教授形態が考えられる。

前者の「教科としての労作教育」は、「作業教授（Werkunterricht）」に代表されるように、労作そのものを学習内容とする。ここでは技術の獲得が目標とされるので、独立した工程を確保できる授業時間や作業場が必要になる。さらに、技術の獲得が目標とされる場合、それは社会における労働を前提としているので、その労働に必要な読み書き計算や集団での意志の形成などが別に必要になる。この「教科としての労作教育」は社会生活に近づきつつある上級学校段階に適している。

後者の「方法としての労作教育」は、教科・領域・分野などのようにそれだけで独立したものではなく、既存の「理論的授業(theoretische Unterricht)に方法として沿わせる」ものであり、授業に「労作の観点」を取り入れることで成立する。したがって、これは「教科としての労作教育」とは異なり、すべての学校段階に適用可能である。「方法としての労作教育」においては、既存の教科の目標への到達が重要とされるため、ここではその「目標への到達を遅らせない」限りの簡

単な活動が行われ、労作の結果よりもその過程が重要とみなされる(S.321)。

このように労作を身体的活動に限定した場合、「教科」と「方法」という二つの労作教育の可能性がある。しかし、ブルガーは労作を身体的活動と定義すれば、労作の原理が教育にとっての普遍の原理にはなりえないとした。身体的活動としての労作では、すべての学校種、学校段階、すべての教科に普遍的に取り入れることができないからである。それをブルガーは、身体的活動に限定した労作教育に生じる二つの矛盾から説明する。

まず、理論的教授には「教科としての労作教育」が使用できないという矛盾である。「教科としての労作教育」は抽象化した教授内容には適さないからである。次に「教科としての労作教育」は複雑で高度な技術が必要とされることから、上級学年に限定され、下級学年には適さないという矛盾がある(S.349-350)。

それゆえ、ブルガーは、身体的活動に限定した労作教育を行うには、「方法としての労作教育」と「教科としての労作教育」の形態を、学校段階別に使用する必要があるとする。すなわち初等教育段階ではその両方を区別せずに、中等教育段階では「教科としての労作教育」が、後期中等教育あるいは高等教育段階では「方法として労作教育」が使用できる(S.339)。ただし、労作教育が身体的活動に限定される限り、このように取り入れる学年や学校に制限が生じることになり、労作教育がすべての学校段階に普遍的なものであるとはいえない。

労作が教育の普遍的原理となるためには、「労作教育は方法でも教科でもあり、とりわけ根拠のある区別をしていない」(S.339)ことが前提となる。これら二つの形態はそれぞれ独立したものではなく、その関係によって労作教育が成立する。「方法としての労作教育」は、「教科としての労作教育」の内容によってその方法の境界が定められる。一方、「教科としての労作教育」は「方法としての労作教育」によってなされる。それゆえ労作教育は、この二つの形態の相互補完の関係によって構成されているのである(S.349)。

それではすべての学校、学年に通用する普遍的な労作教育とはどのようなものであろうか。ここで、ブルガーは手の活動に代表される身体的活動としての労作の概念を修正する必要があるとした(S.350)。

第2項　労作における認識の問題

　ブルガーが労作の定義を身体的活動に加えて、精神的活動にまで広げなければならないと考えた第二の要因に、労作における認識の問題がある。ブルガーはあらゆる労作の過程を分析した結果、労作には次のような三つの段階があり、それぞれの過程で、括弧内に示すような態度・行為(Verhalten)があらわれるとした。

1. 労作の目的を意識する(想像する)。
2. 労作の目的を達成するための手段を考察する(判断する)。
3. 労作の目的を達成する(情意的な態度)。

　この過程を経て、最後に労作の目的に基づいた身体の規則的な動きがあらわれる。すなわち、手や身体の動きとしてあらわされるまでのこれらの過程を含めたすべてが労作の具体的内容である。「何かをする(Arbeit)」ということは、特にそれが教育的意義に基づいたものであれば、想像や判断、情意的な態度と切り離すことができない。したがって、「労作は、純粋に身体的な過程ではなく、身体的・精神的過程である」(S.352)。

　この労作における認識の問題は、労作教育の実践に深くかかわっており、次章で改めて取り上げる。

第3項　労作と社会との関連

　労作を身体的・精神的活動とする第三の要因として、労作と社会との関連を教育学的意義に基づいてとらえなければならないことをブルガーは指摘している。それは、労作と労働の関連と言い換えてもよい。

　この場合、労作特有のものとしての「生産性(Produktivität)」を重視するという動向が、当時の労作教育論の一方の潮流としてあったことも押さえておかなくてはならないだろう。ブルガーはブロンスキーを「生産学校(Produktionsschule)」論者の代表にあげている(1923,S.242)[18]。労作の結果としての「生産物」については、ブルガーも肯定している。というよりもむしろ、何らかの対象に働きかけ

れば、それに対する生産物が出てくるのは当然のこととしている。しかしながら、生産物に重点をおく労作教育は、生産性の向上ということと切り離せない関係にあるとブルガーは指摘する。そして「生産的な労作」と「労作」は同義だろうかという問いを出す。ブルガーの答えは「Nein（いいえ）」である。「生産的な労作」とは、生産物の見本に対して、それといかに同じものを生産するかということが主要な課題となる。これをブルガーは「再生産の労作(reproduktive Arbeit)」であるという。再生産が課題になると、労作は技術重視の傾向を強めることになる。再生産の労作は、職業を意識した労働のための労作である。つまり、生産性を重視すればするほど、実は生産性そのものの価値は引き下げられ、代わりに完全な「再生産」の能力、職業的技術が重視されることにより、「活動」そのものの教育的価値が考慮されなくなるのである(1923, S.452)[19]。

　ブルガーは労作学校の目的を「人間陶冶」(Menschensbildung)であるとしている。それゆえ学校で取り組まれる労作は、利潤を追求すべきでないというのが彼の一貫した考えである(S.358)。ただし、労作は身体的活動によって始まるので、結果として「労作の生産物」ができる。それは小さな箱であったり、作文であったり、計算であったりする。これらの多くは金銭的な価値はないものである。ただ、そこに将来において経済的価値に転換しうる子どもの取り組みやその努力、また興味の獲得が見出される。ブルガーはこれを労作教育における「経済的価値」として、労作教育に特有のもので、上位にある「人間陶冶」という目的に「実用的に近づきうる」ものであるとした(S.360)。

　ただし、これでは「経済的価値」という名称自体に矛盾が生じてしまう。つまり、「経済的価値」を不問にする「経済的価値」では意味を成さないからである。そこでブルガーは次のような例で説明する。

　ある子どもが成人して金銭的価値のあるもの、例えば一つのエンジンを作ったとすれば、それは労作教育の経済的価値がもたらしたものとみなされる(S.356)。この点で、労作教育における「経済的価値」は間接的に国民経済へとつながっていくことを意味している。この労作の「経済的価値」によって、国民経済に間接的に働きかけることをブルガーは「外界における変革(Veränderung in der Außenwelt)」と表現し、「経済的価値」の持つ教育的意義を次のように述べる。

「外界における変革によってつくりだされたものは、それ自体に金銭的価値はないが、それに必要とした力の発達に教育的価値があり、それゆえ間接的に国民経済にとっても最も重要なものである」(S.357)。このような労作教育の立場は、先のブロンスキーの「生産」を重視する労作教育論とは、まったく異なるものである。つまり、ブルガーの「経済的価値」は教育期間と同時性を持たず、また技術の巧みさや質的量的な生産性も必要としない。重要なのは、労作の目的を理解し、そのための手段を選択し達成しようとする過程であり、労作を取り入れた教育実践が、学校段階や教科を問わず構築される中で、子どもたちが経済的価値を自分たちで見いだしていくことなのである。

本節では、ブルガーが労作の定義を身体的活動に加え、精神的活動も含めた広義の労作教育論を展開する要因を検討した。このような経緯で、ブルガーは労作という概念を以下のように定義するにいたる(S.356-357)。

1. 労作とは精神的・身体的活動である。
2. この精神的・身体的活動はある明らかな目的によって、達成される目標によって調整される。
3. 目標の到達を妨げる障害を取り除くために力を費やすことを必要とする。
4. 精神・身体的活動の最終的効果として外界における変革を生み出す。
5. 外界における変革によってつくりだされたものはそれ自体に金銭的価値はなく、しかしそれはその生産に必要な力によって教育的価値に満ち、そしてそれゆえ間接的に、国民経済にとって最も重要なものである。

第4節　ブルガーの労作教育における目的論
―――「人間陶冶」―――

ブルガーが労作の定義を精神的・身体的活動へと拡大したのは、労作教育の目的概念と大きく関わっている。

ブルガーは、「人間陶冶」こそが「教育の最上の目的」にあたるとくり返し述べる(S.312)。「人間陶冶」とは、「理想的な人間に近づけること」である。「理想な

人間」(ideale Menschen)とは具体的に、身体的には健康であり、精神的には美に対する理解、真実の判断、道徳性を獲得した人間を意味する。教育において「理想的な人間」は、「一つの理想」として「われわれがそれに向かって努力する」、「われわれの行為を動機付け、規定する理念」である。理想的な人間に到達することは事実上不可能であるが、しかしこれへの努力にこそ「真の人間性」がある(S.312)。ブルガーの労作教育は、この「真の人間性」に迫る過程といえる。

以下では、この「人間陶冶」という目的の内実をより明らかにするために、同時代を代表する労作教育論者であるケルシェンシュタイナーおよびガウディヒとの比較を試みる。

第1項 ケルシェンシュタイナーとの比較――「職業陶冶」と「人間陶冶」――

ブルガーは『労作教育学』の中で、ケルシェンシュタイナーを同時代における労作教育論の発展に大きく貢献したと評価する一方、彼の労作教育の目的を厳しく批判し、自身を対立するものとして位置づけている。以下ではブルガーのケルシェンシュタイナー理解に基づいて[20]、その批判するところを明らかにしたい。

厳密には活動が二人にとって何を意味するのかを検討しなければならないが、彼らはともに労作が手工だけではなく、精神的・身体的活動であることを主張している[21]。しかしながら、その労作による教育の目的になると両者は決定的に異なるのである。ケルシェンシュタイナーは「職業陶冶(Berufsbildung)」および「公民教育(staatsbürgeriche Erziehung)」を、一方ブルガーは「人間陶冶」を労作教育の目的とする。

そもそも、労作教育の目的は「職業陶冶」か「人間陶冶」かという問題については、ケルシェンシュタイナーとガウディヒとの間でなされた論争[22]が有名である。

ケルシェンシュタイナーは「教育目的として公民(Staatsbürger)を置き、この目的の達成への手段を『職業陶冶』」(S.307)とする労作教育論を展開した。これは、個人がある職業に従事し、その役割を果たすことを国家に対する義務として認識するよう育成することを目的としたものである。この目的をブルガーは次の

二つの点から批判している。

まず、ブルガーは、ケルシェンシュタイナーがほとんどの子どもは手を使った労働に従事するとして、最終的には「職業陶冶」を手工の技術の獲得としたことに対し、このような職業に従事しない子どもには適合しない目的だと批判する。

次に、ブルガーは、労作学校の「公民教育」的側面を「生徒に必要な社会的義務と権利を教える」限りにおいては認めるとしながらも、ケルシェンシュタイナーの考えは「行きすぎた」ものだとした（S.307）。ブルガーは、ケルシェンシュタイナーのいう国家にとっての「有用な公民」を育成するという「公民教育」の目的を疑問視したのである。すなわち、国家というものが、それを担う政府や時代によって異なることで、「有用な公民」の内容も変化せざるを得なくなることから、「公民教育」という目的は常に修正を余儀なくされ、教育の普遍的な目的としては妥当しないと考えた。

以上のことから、ブルガーは、労作教育の目的はあくまでも「人間陶冶」であり、その立場から「公民と人間は同一」ではないとした。その上で、公民の概念を教育に取り入れるならば、「人間を上位に、公民を下位に」置き、「教育において公民陶冶は『人間』陶冶に適応するものでなければならない」と述べている。このようにケルシェンシュタイナーとブルガーは、労作教育の目的において、全く対立する立場にあったのである[23]。

第2項　ガウディヒとの比較——「人格形成」と「人間陶冶」——

一方、ガウディヒの教育目的をブルガーはどのようにとらえていたのだろうか。ガウディヒは生徒の精神的自己活動を重視し、「人格教育（Persönlichkeitspädagogik）」のための労作学校を主張した人物である。ケルシェンシュタイナーとの有名な論争で、ガウディヒはケルシェンシュタイナーの「職業陶冶」、「公民教育」を目的とする労作教育を批判した。つまり、ガウディヒとブルガーは、ケルシェンシュタイナーに対する批判において共通した考えを持っていた。しかし、両者は労作教育に対して明らかに異なる目的論を有していたのである。

ブルガーは「どの生徒にもその特質に応じた教育を行う」という教育における

個人主義は、労作学校にも必要であると認めている。しかし「人格の理想」を目指す「人格形成」という目的には、異議を唱える。ブルガーは人格を「具体的な内容」を持つもの、すなわち個人によって人格の内容が異なるものであるとする。ゆえに「人格形成」は目的として「はっきりとしない、不安定なもの」(S.562)であり、「教育の最上の目的」にはなり得ない。「人格形成」は「人間陶冶」への過程にある一つの目的にすぎない(S.374)。教育の目的は不変なものによって特徴づけられなければならない。それゆえ彼は、「人間陶冶」という目的が、労作教育において最上に位置する不変の目的だと主張したのである(S.562)。

第5節　ブルガーの目的論の特質
——「経済的価値」という下位目的——

　ケルシェンシュタイナーやガウディヒとの比較によってここまでに明らかになったことは、ブルガーの労作教育論における目的論が「人間陶冶」であり、それが「職業陶冶」とも「人格形成」とも異なるものであるということである。

　ケルシェンシュタイナーとガウディヒの目的論の立て方は、前者が社会の流れに沿って目的を立て、後者が個人の問題として目的を立てたと見ることができる。では、ブルガーの「人間陶冶」という目的はどのように見ることができるだろうか。

　ブルガー自身もくり返し述べているように、「人間陶冶」という目的は決して到達することのできない目的である。その内実を見ても、理念的抽象的という批判は免れないだろう。そのため、ブルガーは労作教育論の目的を二層に分けて立てていることをここでは明らかにしたい。すでに、労作の定義の節で言及したのだが、ブルガーは労作と社会との関連に着目した目的として、「経済的価値」という目的を人間陶冶の下位目的として設定した。先述の通り、ブルガーにとって、労作教育における「経済的価値」という下位目的は、決して金銭的な利潤を求めるものではなく、そこへ至る道程、すなわち「価値を創り出すことを志向した活動」(S.356)にある。この目的は、何かに対して働きかけ、「生産物」ができるという労作教育に特有の目的であるとブルガーは主張する。先に示し

た労作の定義の 5. はこの「経済的価値」を指している。

　労作教育における「経済的価値」という目的は、上位の「人間陶冶」という目的に「実用的に近づきうる」ものである(S.360)。ブルガーは、「経済的価値」という目的を置くことで、「人間陶冶」という不変で最上の、しかし決して到達し得ない目的に、より具体的な方向性を示すことができると考えた。すなわち、「人間陶冶」が理念的抽象的な目的だとすれば、「経済的価値」は具体的客観的目的であり、ブルガーの労作教育の目的は、抽象と具体の二層から成り立っているといえる。この目的論を、ブルガーは「身体、精神、国家経済の労作概念を取り入れ、教育的労作の概念を明確化したことによって新しい瞬間が生じた」と自らの労作教育論の最大の特徴とした(S.356)。

　このように、ブルガーはケルシェンシュタイナーやガウディヒの目的とは別に、「人間陶冶」と「経済的価値」という二つの次元の目的を自らの労作教育論に置いた。それは、時代や社会から規定されることもなく、また個人に帰する目的の立て方でもない、別の目的の立て方だといえるだろう。これは「人間陶冶」という目的に、「経済的価値」によって少しでも近づこうとする、ブルガーの労作教育における目的論の実践的志向をあらわしているともいえる。こうして、ブルガーは自ら批判した「職業陶冶」および「人格形成」の契機を統合する普遍的かつ実践的な労作教育の目的論を構築したのである。

第6節　労作教育の方法としての自己活動
――ガウディヒとの再比較――

　第4節では、ブルガーとガウディヒを、その目的論によって比較検討した。ここでは、さらに労作教育における自己活動という視点から両者の検討を試みる。それによって、小林澄兄がガウディヒと近い立場としたブルガーの労作教育論の特質を明確に差異化する。それは同時に、ブルガーの教育実践に対する見方を明らかにすることでもある。

第1項　自己活動におけるガウディヒとの比較

『労作教育学』の中で、確かにブルガー自身も、自らの立場がガウディヒにより近いものであると明言している。とりわけ自己活動という点において、「自己活動は、ガウディヒと同様に、われわれにとってもまた労作学校の最上の原則である」(S.367)とし、ガウディヒの労作教育論が自らのそれに共鳴するとしている[24]。しかしその内実には明確な相違がある。

先行研究では、精神的活動の労作を主張するガウディヒとブルガーはその立場を同じくするものとみなされてきた。事実、『労作教育学』の初版の段階ではブルガー自身も、ケルシェンシュタイナーに対して行ったような直接的批判を行うことはなく、ガウディヒとの相違を、ケルシェンシュタイナーへの批判ほどには明確にできなかったように思われる。しかし、小林澄兄ら日本の研究者も参照していた第2版(1923年)ではガウディヒに対する批判を明示するようになる。その批判は、ガウディヒの労作教育における自己活動のとらえ方に対するものであった。

ガウディヒの労作教育論は、精神的活動をより重視する自己活動を主張するものである。ブルガーもまたそれを軽視するべきではないという。しかし彼は、ガウディヒが労作学校を「全く生徒の『自由な』精神活動による学校」とすることに批判を向ける。

「ガウディヒの「『自由な』精神活動」とは、「自らの動機付けから、自らの力で、自ら選んだ道を、自由に選んだ目的への行動」[25]である。これはブルガーによれば、「自己活動の最上段階」(1923, S.454)に相当するもので、ガウディヒは「自由な精神活動」を労作教育の方法としながらも、一方で目的そのものとしてもとらえているという。つまりガウディヒの主張する労作学校では、目的と方法が混同しており、子どもはただ自由に活動をしていればよいことになる。この点については田花為雄も、ガウディヒの「『作業』(労作と同義——引用者注)意識は甚だ不安定なものであ」り、「況や『作業学校』(労作学校と同義——引用者注)の観念は脱落したかの如く」と指摘している。結局、「彼の全心全力を傾けたものは『自由精神活動』の学校改革の意義の解明ないし宣揚」であった[26]。

さらにブルガーは、ガウディヒの労作教育実践にも批判の矛先を向けている。

ブルガーによれば、ガウディヒの主張する「自由な精神活動」による労作学校は、「教育学的な思考や行為の中心に、教師もなく、また成長していく人格としての生徒もなく、教授活動や教育にもただカオスが生じるだけ」である。そして、そのような労作学校は、「閉鎖的な労作教育思想の末節に過ぎない理論上の産物」だとし、またそれを実践に適用する場合も、教師と子どもの関係性に大きく左右されるとしている（1923,S.454）。すなわち、ブルガーは、ガウディヒの労作学校の実践は、教師と子どもの関係が良いときにのみ可能なものであって、さまざまな力量を持つ教師たち誰もができる実践ではないと批判しているのである。その例として、ブルガーは、ガウディヒの有力な協力者であったシャイブナー（Otto Scheibner, 1877-1961）らによるライプツィヒでの実践をあげ、彼らが主張する「うまくいった」実践は、「選び抜かれた」ものであり、「平均的な生徒と教師による」ものではないとしている（1923,S.454）。別の見方をすれば、このような批判を持つようになったのは、ブルガー自身が普通の教師が日常的に取り組むことのできる労作教育の理論と実践の確立を目指していたからとも考えられる。

先にも述べたように、このようなガウディヒに対する厳しい批判は、『労作教育学』の初版では見られない。少なくとも、ガウディヒの実践に対する批判は明示しておらず、前項で明らかにしたように、彼の教育目的論である「人格教育」としての労作教育を批判の対象にしていた。

第2版で上記のように具体的に書き加えられた批判は、直接的には1922年のガウディヒの著作を引いてなされている。しかし、一方で、この批判には、同時期のオーストリアの学校で、普通の教師が普通の子どもたちを相手に、日常的に一定の基準を満たす労作教育が行われていることに貢献している理論家としての、また実践家としてのブルガーの確信がうかがえるように思われる。つまり、ブルガーは、ガウディヒとの差異を、オーストリアで労作教育を実践する過程で明確化することができたのではないだろうか。

第2項　方法としての自己活動

ブルガーはガウディヒの自己活動を目的と方法を混同していると批判し、労

作教育における目的を人間陶冶、方法を自己活動と明確に区別する必要があるとした。つまり、目的に向かうことのできる自己活動こそ重要なのであり、そのために子どもの自己活動は完全に自由なのではなく、教師による指導が必要だというのがブルガーの主張である。それは、彼が、子どもは生まれながらに自己活動的であるのではなく、自己活動的になっていく存在だとみなしていたことによる。そこで、ここではブルガーの労作教育論の「方法としての自己活動」の内実を明らかにしたい。

　ブルガーは「自己活動によって自立へ(durch Selbsttätigkeit zur Selbständigkeit)」を労作学校の標語として掲げている(S.374)。この標語は何を意味しているのであろうか。

　彼は、本来「生徒は活動的であるべき」存在であり、「単に外から指示された行動ではなく、生徒自らが導き出した自発的な活動によって満たさ」れなければならないという。それゆえ自己活動とは「生徒に可能な限り自己による活動をさせること」であり、それはまた「自己探究と自己発見」のためにある。そして「人生の事実を通して自己活動によって得られた認識は、再び自己活動によって人生を実り豊かなものにさせることができる」ようになる(S.374-375)。

　このことから、ブルガーが自己活動を、活動としての自己活動と、自立、自発性へと向かっていく自己活動という二つの次元に分けて考えていることがわかる。ブルガーは前者を実質原理として狭義の自己活動とし、後者を形式原理として広義の自己活動とした。後者を区別して自発性の原理とする場合もある(S.374)。

　実質原理としての自己活動は、教授活動中の子ども自身による活動を指し、それゆえこの自己活動には種類、段階がある[27]。これをくぐって子どもは自立を促される。そして自立への過程で自己活動を行うことによって、子どもは最終的に「自由な労作」を獲得する。「自由な労作」は子どもが身体的にも精神的にも、自らの得た力を自由に使用できる状態を指す(S.374-375)。

　形式原理としての自己活動、あるいは自発性の原理は、このような自己活動の段階、過程を結び付けるもの、いいかえれば「自己活動によって自立へ」の過程を示すものである。この原理は「できる限り多く、生徒自ら活動させる」

(S.375)ことにつきる。

　ガウディヒとの比較から明らかになったように、ブルガーは子ども自身による自由な活動を制限すべきだとする。ブルガーは、子どもの自己活動がたとえ自らの行動によるものであっても、それらが最初から自立的、自発的なものではないと考えているからである。まず教師の指導のもと、子どもに活動させることによって、自立、自発を意味する自己活動が次第に獲得されていく。その結果として、「教師は受け身で、生徒は活動的」である労作学校の究極的なあるべき姿をつくりだすことができるという(S.375)。

　ここにあげた自己活動の二つの次元を見れば、ブルガーが決して精神的活動としての労作のみを重視していたのではないことが明らかである。労作の定義に精神的活動が含まれるという点で、共通の批判を受けたガウディヒとブルガーであったが、前者がそれを自由な活動とするのに対し、後者は制限をつけるという違いが見出される。したがって、ガウディヒと同様の批判を受けるべきとする先行研究は、ブルガーの自己活動に対する理解において不十分な点があるといえる。自己活動はいうまでもなく「活動」によるものであり、またその活動は自立的、自発的に行われるよう指導されるものであるから、活動としての自己活動と自立へと向かう自己活動を明確に区別することは困難である。それゆえこの二つの次元からなる自己活動を包括的に表現した「自己活動によって自立へ」という標語によって、ブルガーは労作教育における自己活動の原理を表そうとした。

　ブルガーは、労作教育を「その使用領域は幼稚園から大学まで満たす」(S.367)普遍的な方法とし、「現代の教育は労作教育をおいてほかにはない」と『労作教育学』の総括で述べている(S.569)。このことをブルガーは、教育省とウィーンにおける労作教育の実践的深まりとともに、より確信するようになったと考えられる。

　本章は、ブルガーの労作の定義を、その目的論とともに考察することを目的としていた。その中で、労作が精神的・身体的活動でなければならないことを、普遍的原理の問題、子どもの認識の問題として、さらに社会との関連性の問題から解くことを試みた。労作における精神的活動は認識の問題と深く関係して

いる。精神的活動を含む労作を、どのように実践の中に具体化することが子どもたちの認識を深めることになるのか。また、普通の教師が日常的にできる労作教育の実践とはどのようなものなのか。次章では、ブルガーの労作教育における実践について考察を進めたい。

【注】
1　グレッケルの改革前の活動に関しては手塚甫「オーストリアにおける近代教育改革運動史序説」『北里大学教養部紀要』第28号、1994年、pp.212-230および手塚甫「オーストリアにおける教育改革運動と教員の組織化」『早稲田大学社会科学討究』Vol.40 No.3、1995年、pp.1035-1064を参照のこと。
2　Engelbrecht, *Geschichte des österreichischen Bildungswesens Band 5*, S.69.
3　*Lexikon der Pädagogik III. Band*, A. Francke AG., 1952, S.73.
4　なお、これは小林が『労作教育思想史』をまとめるまでの時点までのものである。小林澄兄『労作教育思想史(改訂版)』玉川大学出版会、1971年、p.236。
5　Ludwig Boyer, *Vom Schulboten zu Erziehung und Unterricht*, öbv & hpt Wien, 2000, S.346.
6　Papanek, *Austrian school reform*, S.60.
7　*Lexikon der Pädagogik*, 1952, S.73-74.
8　ヘルマン・ノール著、平野正久、大久保智、山元雅弘著訳『ドイツの新教育運動』明治図書、1987年、pp.130-144。
9　小林澄兄『労作教育思想史(改訂版)』、pp.236-237。
10　Bernd Hackl, *Die Arbeitsschule*, Verlag für Gesellschaftskritik Wien, 1990, S.93.
11　Ebenda, S.102-103。
12　小林澄兄『労作教育思想史(改訂版)』、p.16。
13　田花為雄「ドイツ教材統合史概説」『教育思潮研究』第14巻第1輯、1940年、pp.37-38。
14　Eduard Burger, Arbeitspädagogok Geschichte-Kritik-Wegweisung, Verlag von Wilhelm Engelman, 1914, S.III. なお、本研究で用いるブルガーの『労作教育学』からの引用は、これ以降、その頁のみを本文中に記載する。その際、特に断りのない限り、初版(1914年)からの引用であり、第2版(1923年)を用いる場合には、出版年および頁を併記する。
15　入澤宗壽『合科教育原論』明治図書、1939年、pp.123-125。
16　竹井彌七朗『労作教育学の発達』最新教育研究会、1929年、p.245。
17　小林澄兄「労作教育学」『教育科学』第17冊、岩波書店、1933年、pp.15-16。
18　ブロンスキーに関しては、ブルガーは1923年の『労作教育学』第2版において初めて言及している。
19　なお、ブルガーは、ブロンスキーの出現以前に、すでに初版で同じことを述べている(S.372)。
20　それゆえここで対象とするケルシェンシュタイナーの論は、ブルガーの『労作教育学』の初版、すなわち1914年までのものとする。
21　しかし彼らが労作を精神的・身体的活動とする経緯は異なる。ケルシェンシュタイナーはまず労作を手工、すなわち生産労働、経済的効果を生む労働と解し、それから徐々に労作の精神的

活動としての意義を見出した（詳細は、山﨑高哉『ケルシェンシュタイナー教育学の特質と意義』玉川大学出版部、1993年、p.239を参照のこと）。それに対してブルガーは労作教育の歴史的経緯を踏まえ、手工のみとする労作の定義を疑問視し、それに代わるものを模索するという問題意識から、一貫して精神的労作の意義を主張したのである。

22　1911年ドレスデンの「学校改革者同盟」主催の全国会議での論争を指す。

23　しかしながらケルシェンシュタイナーの労作教育論も「人間陶冶」を志向していたとする指摘もある。それでも彼の「人間陶冶」はあくまで「職業陶冶」による「公民教育」を前提としていたことは否定できない。それは彼の労作教育の実践が補習学校やフォルクスシューレの上級学年という、すでに職業に従事している者を対象としていたことに要因がある。それに対し、ブルガーは労作教育を全学校段階に実現可能なもの、すなわち労作教育を普遍的な教育学として確立しようとした。それゆえやはり、ブルガーとケルシェンシュタイナーの「人間陶冶」は、その内実において明らかに異なると考えられる。ケルシェンシュタイナーの「人間陶冶」と「職業陶冶」の関係については、山﨑高哉「ケルシェンシュタイナーの職業陶冶論」（『天理大学学報』第67輯、1974年）に詳しい。

24　ケルシェンシュタイナーも労作教育において自己活動を主張しているが、考察したように、その前提としての目的がブルガーとは異なるため、ここでは取り上げない。

25　Hugo Gaudig, *Freie geistige Schularbeit in Theorie und Praxis*, Breslau, 1922, S.33.

26　田花為雄『ガウディヒ派教育学』新思潮社、1962年、pp.95-96。

27　ブルガーは、トイシャー（Toisher）実践において自己活動は生徒にとって「発見」的であるとし、自己活動の三つの発見的段階として、経験的発見、理論的発見、技術的発見を提示している（S.386-387）。

第4章　エドゥアルト・ブルガーの労作教育実践論

　前章では、ブルガーの労作教育論における目的論を検討する中で、彼は、普通の教師と子どもたちが日常的に行うことのできる労作教育を目指していたのではないかという考察を提示した。ブルガーは労作教育の実践に対してどのような理論を構築し、そして実際にオーストリアではどのような実践が行われていたのだろうか。

第1節　実践家としてのブルガー

　前章で明らかにしたように、日本におけるブルガー研究は1930年代に限定されており、代表的なものには、入澤宗壽、竹井彌七朗、小林澄兄のものがある。この三者の研究は、『労作教育学』での労作の定義をふまえ、さらに本章で扱う実践に関する指針に触れている点で、同時代の他のものとは区別しておきたい[1]。ただし、彼らにあってもその訳出にとどまるか、あるいは竹井のように「省略する」とし、これを重視していない[2]。
　つまり、欧米の教育思想を輸入していたこの時代においては、ブルガーの労作教育論の実践的な側面は認識されず、精神的活動を取り入れた労作の定義のみがその特徴としてとらえられていたのである。しかしながら、ブルガーが『労作教育学』の中で、自らが実際にさまざまな学校段階で実践し、その上で労作教育が学校改革に適切であることの確信にいたったと述べていることからも、この指針の検討はブルガーの労作教育論を明らかにする上で必要なことである。

指針を検討している点で、ハックルの研究は注目に値する。彼はブルガーを「オーストリアの学校改革の労作学校概念をより本質的に表した」[3]人物であると評価し、指針で示されている労作教育の段階を「学習過程」[4]と位置づけているものの、各段階に示された具体的な活動には言及していない。しかしながら、ブルガーは、どの学年、どの教科においても労作教育による実践を可能にし、かつ、教師が容易に取り入れることのできる方法の提示に重点を置いていた。すなわち、ブルガーは「教授・学習過程」としての授業を想定していたのである。

先行研究からみえてくるブルガーは、実践をあまり意識しない理論家としての姿である。しかし彼の指針は、学校現場の教師に対して有効な方法を提示することに主眼が置かれたものであることから、ブルガーには実践家としての側面があるように思われる。そこで本章では、ブルガーの労作教育論の実践的側面を検討することによって、戦間期オーストリアの労作教育の理論と実践を明らかにしたい。

第2節　ブルガーの実践的段階

ブルガーは、労作教育をどの教科においても可能にするために、精神的・身体的活動である労作を三つに分類し、実践に有効な方法として段階的に示している。本章ではこれを「実践的段階」と呼ぶことにしたい。ブルガー自身は『労作教育学』の中でこのことばを使用していない。しかしながら、同書は労作教育を「労作教育学」として成立させるために、副題の通り、労作教育の歴史、批判、および指針をその内容としていた。なかでも、三段階に分けて解説した指針に、ブルガーの労作教育の実践に対する考え方が具体的にあらわされている。加えて、上述の通り、ブルガーは『労作教育学』の初版および第2版において、この三段階に名称を与えることはなかったが、1929年、学校改革の10周年記念冊子に寄稿した論文「オーストリアの学校改革における労作教育学の探求」の中で、「労作の教授学的三段階(arbeitsdidaktische Dreischritt)」と呼ぶようになっている[5]。この変化は、ブルガーが、『労作教育学』の中で提示した三段階に、改革の実践の中で教授学としての意義を確認したためではないか。事実、後述するが、こ

の三段階の理論の提示によって、教師による労作教育の実践が可能になり、それゆえに現代では戦間期オーストリアの学校改革が実践的な足跡を確かなものにしたと評価されているのである。このように指針の実践への志向性と、それが具体的な段階によって提示されていることから、本書では以下、この三段階を「実践的段階」と呼ぶ。

　実践的段階は、(1)「把握の労作(auffassende Arbeit)」、(2)「精神的労作(geistige Verarbeitung)」、(3)「表現の労作(darstellende Arbeit)」から成り立っている。一つの授業もしくは単元は、これら三つの労作を段階的に組み合わせることによって成立している。この実践的段階は、前章で考察した労作の過程における認識の三つの段階を土台にしている。ハックルがこの授業方法の三段階を学習過程としたのは、これを根拠にしている。つまり、子どもの認識の過程を、授業において段階的に構成したものだとハックルはとらえたのである。しかしながら、第3章で明らかにしたように、ブルガーは、子どもの自己活動だけに任せる労作教育を批判し、教師の適切な指導が必要だとした。この点は、実践的段階の中で、教師がすぐにでもその方法を取り入れられるように、具体的な活動を提示することに重点を置いたことに示されている。以下ではそれぞれの段階の意味とそれに提示されている活動をあわせてみていくことにしたい。

第1項　把握の労作

　実践的段階の最初の段階は、把握の労作である。子どもが直接的に対象に働きかけることによって、その経験を受容し、その経験から気付きを得る段階である。把握の労作は、子どもの身体的活動によって行われる。ブルガーは、把握の労作の段階では、「観察(Beobachten)」と「観賞(Betrachten)」を有効な活動として提示した上で、その違いを次のように述べている(S.389)。

　観察において、子どもは事象の変容をとらえ、その変化を認識する。例えば月の満ち欠けを毎晩観察する。その変化をとらえることが観察である。しかしこの変化をつなぐ意味づけがなければ、月を観察したことにはならない。この変化の流れをとらえることが観賞である。観賞は、観察によって気付いたことに注意を向けることである。観賞では、観察で明らかになった変化を比較した

り、関係性を持たせることが求められる。比較するということは、ものごとを見るための尺度を持つことであり、比較の基準がそこから生まれる。すなわち、個々の経験を全体的に通して見る、あるいは意味づけるということが観賞には求められる。ゆえに観賞は、観察に対して長い期間を必要とする活動である。ブルガーは、観察や観賞は、子どもに刺激を与えるというような一面的なものではなく、子どもが学習の目標に計画的に気付くことに意義があるとする(S.389-391)。そのため、観察や観賞したことを「測る」「計算する」、また気付いたことを文字で「書く」、絵で「描く」ことも把握の労作に含まれる。さらに、遠足や実験も観察や観賞の一つに含まれる形態であり、同様に計画的な目標のもとに行われなければならないとされる(S.552)。

このように把握の労作は、対象そのものに働きかけることによって成り立っている。この場合、働きかける対象は、子どもにとって身近なものが適しており、把握の労作の対象は、郷土科の原則によって規定されることになる(S.394)。

第2項　精神的労作

実践的段階の第二にあたる精神的労作は、「思考する」ことによって理解にいたる段階である。「思考する」とは、「自分で判断し、自分で概念を形成し、自分で結論を出す」(S.451)ことを意味する。先の把握の労作は、子どもが外の世界に働きかける段階であり、また最後の表現の労作も、外の世界に向けて子どもが何らかの表現方法で発信するものである。その間にある精神的労作は、子どもの「思考によって実現される」もの、すなわち「内部に限定」される段階として、身体的活動によって外の世界と関わりを持つ把握の労作や表現の労作とは区別できる(S.445-446)。

精神的労作は、把握の労作でとらえた経験の関連性を判断したり、概念を形成したり、学習の問題に対する結論を出すことへと導く段階である。そのため、この段階においては、「ただ何を（教えるか——引用者注）というだけでなく、どのように（教えるか——引用者注）」ということに着目する必要があり(S.451)、授業の際に「生徒の自己活動へのきっかけを与える」(S.487)ように考慮しなければならないとブルガーは述べる。その方法としては、発問法、特定の問題を設定

した討論などが有効である。たとえば、教師の発問から子どもたち自身が問いを出し、それについての討論を行うというようにである。これらの方法は、授業内容に対して子どもの思考を促す働きがある(S.481-482)。

ただし、この段階は子どもの思考を促すことによって成立するものなので、ブルガーは具体的な活動の方法以上に、カリキュラム編成上の問題としている。つまり、授業において子どもに思考させたいこと、換言すれば目指すべき子どもの認識を教材とつなげる一時間の授業や一単元あるいは年間のカリキュラムは、この精神的労作の段階を中心に構想されなければならない。このことから、精神的労作の段階からは、合科教授の原則が導き出される。

ブルガーの合科教授の原則は、上級学年での分科を想定しているもので、この点もレーアプランと一致する。つまり、下級学年では直観教授を主とした完全な合科教授が、中級学年では諸教科への分科を前提とし、教授内容の分岐を考慮した合科教授が、さらに上級学年では「教科間の内的な関係」が考慮された分科が成立する(S.453-454)。

第3項　表現の労作

労作教育の実践的段階の最後の段階は、表現の労作と呼ばれる。ブルガーは労作の過程において、子どもが認識したことを、「外に」向かって表現しなければならないとする。前章で示したブルガーによる労作の定義の中で、「精神・身体的活動の最終的効果として外界における変革を生み出す」ということに相当する。その機会を与えるのがこの段階である。ただし、この段階では子どもが目にしたことに加えて、意識にあることも表現するように指導されなければならない。それゆえ表現の労作は、身体的活動であると同時に精神的活動でもある(S.488-489)。

この段階に適切な方法をブルガーは三次元の表現と二次元の表現に分けて示している。これは彼の地理科の実践経験から、空間理解、およびそれを通しての地図理解に精通していたことによる。

三次元の表現として彼は、模型づくり、紙工作をあげる(S.490,495)。これによって、観察、観賞した対象を身近に再現し、対象の構造を理解することが可

能になる。

　三次元から二次元への移行の方法としては「切ること」をあげる。これははさみを使用するという技術的な訓練であると同時に、紙からある形を切りとることによって、平面上に立体を表すことが可能であること、つまり事物の輪郭という概念を、子どもが認識することでもある。また、切ったものを互いに糊で貼りつけることも重要である。貼りつけるためには、その前に、切ったものどうしを平面上で滑らせ、動かしながら、どうすれば求めている形を表すことができるかを思考するからである。これらの活動によって子どもは、立体を平面に表すことの簡素性、利便性を知ることができる(S.497)。

　二次元の表現としては、「描くこと(Zeichnen)」があげられる。ブルガーは、平面上の空間理解を促すことができる「描くこと」を、この段階で特に重要な方法としている。彼は、「描くこと」を「書くこと(Schreiben)」とは区別している。「描くこと」は対象をシンボル化させて書くことを意味している。つまり、「描く」という行為には、対象の構造を把握することが必ず含まれている。また、空間理解に必要な言葉(縦、横、長さ、輪郭、縮小、拡大、4方向など)の理解も、この「描くこと」によって確認できる。ブルガーが「描くこと」を表現の労作において重視するのは、それが「思考の表現手段」として有効であるからである(S.498)。もちろんこの思考の表現手段には、書く、話すなど言葉による表現も含まれる(S.551)。

　表現の労作の段階において、ブルガーが提示する活動は、常に意味づけを伴った行為であるということができる。上に示したように、糊で「貼る」ことやはさみで「切る」という単純な行為でさえ、三次元から二次元への移行という目的がある。また、「切る」ことによって、ものの輪郭という概念を理解しているかどうかを表すことができる。「切り方」にその子どものつまずきが「表現」されることもあるだろう。教師はその「表現」から、子どもの理解の状況を見ることができるばかりでなく、自分の指導の修正・改善ができる。ブルガーは、実践的段階の中で指導のふり返りの機能、つまり評価の機能については直接言及していない。しかしながら、表現の労作の段階には、子どもの理解の過程を、精神的労作の段階における子どもの実態として把握しようとする段階間のつながりがあり、表現の労作に評価の機能を見いだすことは不自然なことではないだろう。

把握の労作において授業の目的を知り、精神的労作によって自らの経験を概念化し、表現の労作によって理解の過程を形にする。これがブルガーの労作教育の三つの実践的段階である。それぞれの段階に共通する特徴は、技術の巧拙によらない簡単な活動や教師の働きかけによって構成されていることである。そこには、労作教育が教師にとっても、子どもにとっても、無理なく容易に取り組めるものであるとするブルガーの意図があったと考えられる。つまり、普通の教師がごくありふれた普通の学級の子どもたちとともにできる労作教育の方法である。これは、戦間期オーストリアの学校改革がすべての子どもたちに新しい教育を保障しようとした理念に通じている。加えて、実践的段階に簡単な活動を提示する別の意図として、子どもの自由奔放な活動に任せるのでもなく、また教師によって子どもが無目的な活動へと駆り立てられるのでもない、二重の活動主義に陥らないようにするということがある。

第3節　労作教育による郷土科の実践モデル

　ここでは、郷土科の実践モデルを三例取り上げ、ブルガーの実践的段階に基づき分析する。この作業によって、ブルガーの労作教育の実践的段階の意義がより明らかになるだろう。

　郷土科は、郷土化の原則に則り、教授対象を郷土から取り入れることで、地理、博物、歴史、道徳、社会的要素を統一した教科である。したがって、郷土科は、合科教授をその方法原理としている。子どもたちは、諸教科によって断片的な知識を得るのではなく、郷土という彼らの生活との関連性から、総合的な認識を得るべきであるとされたからである(S.480-483)。このような郷土科を、レーアプランでは「中心点」、「基幹の授業」、「授業の中心」として、文字通り、戦間期オーストリアのカリキュラム中心教科と位置づけている[6]。

　ここで取り上げる実践モデルは、空間理解に関するもので、教室の平面図を作成する内容である。「図面と地図」(Plan und Karte)という単元名があてられることが多い。実践モデル①は、バッティスタ(Ludwig Battista, 1880-1951)によって教員養成用のテキストに、実践モデル②は、ペシュル(Josef F. Pöschl, 1882-1953)

によって、ブルガーが編集代表である教育雑誌『Die Quelle』に掲載されたものである。彼らはともに学校改革の中でフォルクスシューレの改革に大きく貢献した人物である。バッティスタはフォルクスシューレのレーアプラン作成に大きく貢献し、ペシュルはグレッケルの学校改革期、その理念をザルツブルグにおいて広めたと評価されている[7]。ブルガーもまた、これを空間理解から地図理解にいたる最初の実践として行った(S.497)。したがって、この二つは郷土科の実践として典型的なもので、当時のオーストリアに普及していたものと考えられる。実践モデル③は、再びバッティスタによるもので、①や②の内容に続く次の実践である。①、②から③の実践モデルへの連続性を明らかにすることで、郷土科のカリキュラムの構造にも言及したい。

第1項　実践モデル①

「教室の平面図」[8]

(括弧内は原著にある教師への指示──引用者注)

教室の様子を両親にも知らせよう。でも君たちがただ話すだけでは、十分にその様子が伝わらないね。それを絵にして、さらに平面図で示せば、「これを見て。ここに僕が座り、フランツはここに。先生がバイオリンを弾くときはここに立つんだ」ということができるね。

a)　平面図はどのように作るべきだろうか。教室には4つの壁と床と天井がある。でもこれら計6つのスケッチではばらばらで、教室の絵にはならないだろう。机の上に筆箱を置いて、上から見れば、筆箱の表面が見える。それは2本の縦と2本の横の線によって区切られている。これらの線を書いてみよう。そうすれば筆箱が机の上にあることを示すことができるんだ。では、教室の天井に椅子を置いたとして、そこに座って下を見ると想像してごらん。そうすれば、さっきの筆箱のように、教室を上から見ることができるんじゃないだろうか。そのとき教室にあるものはどんな風に見えるだろうか。

b)　わたしたちは教室と教室にあるものを、そのままの大きさで書くことができるだろうか。そのためには黒板や君たちのノートに応じた大きさ

にする必要があるんじゃないか。では、教室の長さと幅を測ってみよう（1m以下は切り捨て、二人の生徒が測る）。長さ8m、幅7mだね。

c) 黒板の上に、実際の10分の1で1mをとろう。では箱や椅子はどうなるだろうか。このようにして黒板には教室の簡単な平面図ができる。

d) この平面図で方向の練習。君の座席を示しなさい。カールの座席はどこか。ドアから君の座席までの行き方を示しなさい。では君の座席から黒板までの行き方は？

e) 君たちのノートに書くときはもっと小さくしないといけないね。1mを2cmとしよう。どの生徒にも、まず2cmの長さの線を書き、それからその8倍、7倍の線を2本ずつ縦と横に書いて、教室の形にするように指示する。生徒の書いたものは簡単なものであること。これを使用して、先のように方向の訓練をする。

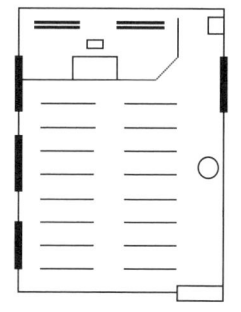

図11 完成した教室の平面図
（Battista, *Großstadtheima*t, S.107を参考に筆者作成。）

　この実践モデルは、第3学年の第3週に行われるとされている。なお、これは「新しい教室」、「教室を飾る秋の花」という、第2週目までの教室の観察を主とした単元が前提となっている。

　まずこのモデルでは、教室の平面図を作成する導入として、机の上に置いた筆箱を上から見るという観察を、教室という実際には上から見ることができないものの代用として行っている。この観察によって、立体を俯瞰すれば線で表すことができるという学習の目的に気がつくことができる。この観察が把握の労作に当たり、子どもたちは俯瞰するというこれまでになかったものの見方に気付く。また、この観察が、子どもたちの自発的な活動というよりは、明らかに教師の指導の下で行われていることにも注意を向けたい。

　次に、教師は子どもに「もし教室の天井に椅子を置いて、下を見たと考えてごらん。教室の備品はどのように見えるだろうか」という発問を投げかける。この発問により、子どもは俯瞰するということを思考によって概念化すること

ができる。教師の与えた発問によって思考し、概念を形成する過程は、精神的労作の段階に相当している。

バッティスタは、俯瞰することの意義を地図理解につながるものとして、次のように述べている。地図を読むということの目的は、地図記号を理解することであり、そのためには、子どもにまず何回かにわたって上から眺めた絵を与えることによって、実際のものから出発する必要がある。このモデルでは、机の上に置いた筆箱を上から見ることに相当する。こうすれば「頭の中でわたしたちの視点は、まるで飛行船に乗ったように地面から高く上がり」、平面図や縮尺の概念を得ることができる。そのために「まず教室や学校を描くことからはじまる」として、この実践モデルを一連の地図理解の最初に位置づけている[9]。つまり、教室を鳥瞰するということは、次第に子どもが自分たちの教室が校舎のどこに位置しているのか、校舎の周りはどのようになっているのかを知ろうとすることにつながり、その視野は広がっていく。言い換えれば、子どもに平面図が鳥瞰したものであるという概念を理解させることは、子どもの視点を立体から平面へと移すことと同義であり、この点にこの実践モデルの最大の特徴がある。

平面図を作成するこの実践のもう一つの目的は、縮尺の概念を理解することである。これも教室の長さを測るという、把握の労作で提示された活動によって行われる。次に教室を図面化するために、「黒板やノートに応じた大きさにする必要があるんじゃないか」と縮尺の必要性を子どもに訴えかける発問がなされる。以上の過程を経て、最後に平面図が完成する。平面図を「描くこと」は、表現の労作で重要とされた活動である。さらにこの平面図を使用して、子どもが自分の席を示すこと、座席から黒板までの行き方を示すことによって方向の訓練を行うことに着目しなければならない。これによって、平面図の概念を本当に理解したかを、教師も子ども自身も確認することができる。これは先述したように、表現の労作の段階に評価の機能があったとしたことに符合している。

第2項　実践モデル②

「わたしたちの新しい教室」[10]

（括弧内は原著にある子どもの活動を指す——引用者注）

わたしたちが今ここに見ているとおりの大きな教室にそっくりの小さな教室を「建てる」ことができれば楽しいだろうね。どのようにして始めればよいだろうか。(生徒のさまざまな提案。以下の手順が実行に最も容易であることを確認し、その午後には教室を「建てる」のに必要な材料、道具を持ち寄る。)

a) 教室の立体的な模型

　　わたしたちはまず、教室の壁を大きな板紙で作ることにしよう。でもどれくらいの大きさを？　そのために作業を分けて決めなければならない。教室にあるものをみんなが好き勝手な大きさで作れば、壁がうまく合わせられないし、小さな教室に机や椅子を置く場所がなくなってしまう。だからわたしたちは作業を始める前に、大きさの割合を一つに決めよう。もし本物の半分の大きさに作ればどうなるか。あるいは5分の1、10分の1、100分の1に小さくすれば？（どれくらいの縮小が置く場所と材料に最適であるかを考える。）　それでは10分の1の大きさにすることに決めよう。両側の壁と前後の壁の長さと幅を、どれくらいの大きさで切ろうか。窓や扉の大きさ、あるいは窓は床からどのくらいの高さにあるのかを測り、それらをすべて10分の1の大きさにして板紙を切る。さて、これらの板紙をそこにある板の上に建てよう。そうすれば床を作る必要がないね。これらの板紙を貼り合わせよう。(教室にある備品の模型を作った後で──引用者注)さて君たちは、わたしたちの小さな教室のことを、大きな教室と同じくらいよく知っていることを示してみよう。

b) 簡単な平面図を作る

　　わたしたちは、この小さな教室をこのままここにずっと置いておくことはできない。これらはすぐに壊れてしまう。でももし、明日わたしたちがまたこの板の上に教室を建てたいと思っても、多分どこに何をおけばよいかわからないだろうし、たとえできたとしても長い時間がかかるだろう。この作業をもっと簡単にすることはできないだろうか。学校の用務員さんは教室を掃除した後で、机や椅子をきちんともとの場所に戻してくれる。それはどのようにしてやっているのだろうか。彼は、床に机や椅子の場所をチョークで印をつけているんだ。わたしたちもこの

方法を使ってみよう。小さな教室の板の上にチョークで壁や備品の場所を正確になぞってみれば、小さな教室を取り除いても、明日またすべてを正しい場所に置くことができるよね。

さて、机の上からすべてを取り除いてみよう。すると印をつけた跡が残っている。これで、わたしたちは教室の「平面図」を持っているということができる。この後、数日間は、この平面図を使用して話し合い、またもう一度教室を建てることに当てる。それから生徒がノートにこれと同じような平面図を書くことによって、さらに縮小する必要が生じる。

c) 教室の平面図

最後に、完成した教室の平面図で、読み取りの練習、方向の練習を行う。これまでの立体、平面に関する用語に基づいて、簡単に平面図の一つひとつの場所を指し示すことができるようになる。

この実践モデルは、「新しい教室」というテーマの後半部にあたり、前半の「教室のかたちと大きさ」、「教室の設備」など、教室の観察を主とした実践が前提となっている。したがって、この時点で観察による把握の労作は行われている。

子どもは、教室が壁や床からなっていること、その大きさ、また教室の椅子や机の数などを先に学んだ上で、教室の模型を作ろうとするのが、このモデルの始まりである。ペシュルはこの実践の目的として、「基礎的なかたちや大きさ、方向の概念」の獲得と、「立体から平面への表現の自然な移行」をあげている。彼によれば、子どもにとって「教室は最初の場所」であり、それを平面図化することは、子どもにとって「最初の地図」となる[11]。

教室の模型を作成する方法、および作成にあたって縮尺をどれくらいにするか、これらすべては、教師の提案とそれに基づいた子どもの話し合いで決定されることが、a)の記述から明らかである。板紙を切り、貼り合わせる活動は、三次元の表現としてブルガーが表現の労作において提示した活動と重なる。

実践は、この模型を使用して、さらに平面図の作成へと継続していく。教師は子どもに、もう一度この模型を復元するにはどうすればよいかという発問を投げかけ、用務員の例から、模型をなぞってみるようにすすめる。この発問に

第3節　労作教育による郷土科の実践モデル　97

図12　図面と地図に関連した授業の様子

この写真は、特殊学校で1928年ごろに撮影されたものである。写真からは、学校の周りの地図を教室の床に作ろうとしている子どもたちの様子のほかに、図11のような学級の図面が教室の壁に掛けられていることがわかる。(Helmut *Engelbrecht, Erziehung und Unterricht im Bild*, ÖBV, 1995, S.351.)

よって、授業内容の核、すなわち立体から平面への視点の移行という目的が子どもに印象づけられ、子どもはものの輪郭という概念にたどりつく。この実践モデルの場合、模型をなぞることによって平面図ができあがる。つまり模型の外延をなぞった上で、それを取り除いたときに、子どもは床に残った印を見て、それが上から見た図であることを知り、平面図というものを理解するのである。このようにしてできた平面図は、子どもの思考の過程を表現したものであるということができる。ブルガーのいうように、表現の労作の方法である「描くこと」が、精神的活動に当たり、かつこれが身体的活動によってあらわされることを、この実践モデルの中で確認することができる。さらに、ここでも①と同様、模型や平面図を作成する際に使用した言葉を再び使って、方向の練習がなされる点には、表現の労作における評価の機能を見出すことができるだろう。

　なお、このモデルの後半には、教室の模型を使用してその平面図を作成する過程があり、そこでも把握の労作から表現の労作への段階が踏まれている。

第3項　実践モデル③

教室から見える太陽－四方位[12]

観察課題：生徒は前週から自分たちの自宅あるいはある決まった場所から、朝、昼、夜にどこに太陽が見えるかを観察している。生徒たちはその観察をスケッチに残す。教師も生徒とともに、毎日、教室と校門から太陽の位置を観察する。

a)　わたしたちは1週間ずっと教室で太陽を観察しました。太陽の光はいつ教室に入ってきますか？　どれくらいの時間？　どうして太陽は教室から見えなくなるのですか？　太陽はどこへ行ったのですか？

b)　これをどのように説明しますか？　それには多分あなたたちの観察が役に立つでしょう。それについて話してみてください。あなたたちのスケッチを見せ合いましょう。朝の太陽はいつ観察しましたか？……その方向を指し示しなさい。……太陽がのぼってきた方向をわたしたちは「東」と呼ぶことにしましょう。

　東のほうへ歩いてごらん。教室の東を示してごらん。あなたからみて東のほうへ座っている生徒は誰ですか？　－家が東の方向の人はだれですか？　－わたしたちは午前中に校舎から太陽を観察しました。太陽は朝よりも高いところにありましたね。－お昼には太陽はどこにありますか？　太陽はまた午後には移動していますね。その道すじを書きなさい。夕方には太陽はどこにありますか？　その方向を示しなさい。－そう、「西」。－練習しましょう。朝から夕方までの太陽の道すじをもう一度たどって見せなさい。

　……今日太陽は東からのぼってきました。明日もあさってもそうでしょう。どうしていつも太陽は東から出てくるのですか？　太陽の道すじを示しなさい。それは一つの輪を作っています。太陽は夜中にはどこにあるのかな？　その方向を示しなさい。それが「北」です。さまざまな方向を練習しましょう。

　……

e)　さまざまな練習：北のほうへ、東のほうへ歩きなさい。いすや机な

どは四方位のうちどこにありますか？　一人の生徒は東へ、もう一人は西へ行きなさい。－どうやっていきますか？　同じように南へ、北へ。－家から学校まではどの方向から来ますか？　帰りはどの方向ですか？　……

f)　わたしたちの教室の窓(あるいは教室にある何か別のもの)はどの方向にありますか？　東を指しなさい。南を指しなさい。窓のあるほうを指しなさい。それは東と南の間にありますね。わたしたちはこのような方向を南東と呼びます。周りにあるものについても同じようにしてみなさい。

g)　総括：わたしたちの教室の床に東西南北と、南東、北西、南西、北東に点を記し、また同じ長さの線を引きましょう。これがコンパスカードです。コンパスカードに自分の家を書きなさい。……

h)　教室の平面図の上に四方位を書いて、さまざまな方位の練習をする

i)　太陽の軌跡の観察表を置き(教室に貼り)、これからも定期的に観察できるようにする。

この実践モデル③も、「図面と地図」単元と同様に、用いられている活動はブルガーの実践的段階に提示されていたものに重なる。すなわち、教室から太陽の動きを観察する点は、把握の労作に、次にその観察から明らかになった太陽の軌跡から「東」を見つけだすところは、精神的労作に相当する。さらに、教室の床にコンパスカードを作成し、その上で「図面と地図」単元の作品である「教室の図面」に方位を書き込むところは、表現の労作にあたる。子どもたちにもっとも身近な場所である教室から太陽を観察し、そこで明らかになった太陽の規則的な動きから「方位」という概念を形成し、その方位を二次元のコンパスカードあるいは教室の図面に表すという三つの段階からこの実践モデルは構成されている。

次に、この実践モデル③には少なくとも以下の三つの特徴を指摘することができる。第一に、教室の床を利用してコンパスカードを作成し、方位の練習をする箇所である。既成の教材では、北が上、南が下というように、四方位が固

定的に表記されていることが多い。しかし、この授業で展開された方位概念の獲得は、教室という定点から観察した太陽の動きから、まず東を定めることによって始まる。つまり、作成されたコンパスカードは、教室(校舎)の向きによるので北が上だとは限らない。自分の身近な生活範囲(ここでは教室)を定点にして、方位の概念を獲得していく。この点で、床に作成されたコンパスカードによる方位概念の獲得は、まさに子どもの視点に立ったものであり、子どもの活動によるものだといえるのである。

　第二の特徴は、実践モデル①と②に関連づけて指摘できる。実践モデル③のh)欄にある教室の平面図に方位を書き加える作業は、前単元の作品としての「教室の図面」を再度ここで取り上げ、方位を書き込むことで、地図を完成させる作業である。すなわち、前時に行った教室(もの)を俯瞰するという地図概念の獲得の導入であったものに、「方位」という地図作成および地図読解に不可欠な要素を加える作業である。平面図作成から方位を書き加えるという一連の作業は、別の単元である「校舎」や「学校の周辺」、「わたしたちの住居」においてもくり返し行われる。また、第一の特徴で述べたように、方位を書き加えた教室の図面やコンパスカードを使用して方位を示すことがくり返し行われている。

　第1章で、学校改革への批判として、子どもたちは反復練習をせずに正しい知識を身につけることができないというものを取り上げた。しかしながら、この批判はこの実践モデルには妥当しないことがわかるだろう。すなわち、子どもたちは反復練習をしないのではなく、教室の図面を使用して方位の概念を獲得したあと、校舎や学校の周辺、住居の平面図を作成することをくり返す中で(そこには縮尺のための計算のくり返しも含まれている)、方位についてもくり返し練習している。読み・書き・計算の定着は、学習内容の文脈とは切り離されたかたちで、単純な手順の反復に終始し、その意味内容を失ってしまうことがある。しかし、この実践モデルに示されたように、労作教育では、基本的な知識の定着は、学習内容の文脈の中で行われ、またそれは一度限りのものではなく、対象を変え、基本的な知識の適用範囲を拡大する中で行われる。この実践モデルにおいて子どもたちは、生活の中で、例えば自分の居場所を知らせるという必然の表現行為の中で、地図の縮尺、そのための計算、方位概念、その読み書

きをくり返し練習しているのである。郷土化の原則は、子どもの学習対象を生活に近い場所から徐々に広げていくという、いわゆる同心円拡大を原則とする。それは、学習対象の一方向的な拡大のように見えるが、その学習内容において、とりわけ基礎・基本的な知識・技能に子どもたちは必然性を持ってくり返し出会うことになる。つまり、この同心円の中で、例えば計算をくり返し使用することで、計算の意味、計算の機能、計算の活用方法を知ることになり、単なる計算の操作以上の反復練習が、三つの実践モデルを通して見られるのである。

　この実践のもう一つの重要な特徴として、第三に教育内容の連続性、関連性があげられる。実践モデル①あるいは②から③への移行は、「平面図の作成→方位の獲得→地図完成」という教育内容が地理的分野から理科的分野へ、あるいはまたその逆の移行、つまり教科間の往復自在という視点から構成されている。この地理と理科の二教科間の教育内容の「発展過程は現代のオーストリアの大都市の学校においても継承されている」[13]とされ、戦間期の郷土科だけでなく、現在の事実教授（Sachunterricht）のカリキュラム構成としても有効なものである。実際に、現在でも、「図面と地図」単元は事実教授の中に見られる単元で、戦後のカリキュラム改革を経ながら、戦間期と同じ対象学年に配置され、同じ方法・内容から構成されている[14]。

　以上の三つの実践モデルの分析からは、ハックルが「学習過程」としたブルガーの実践的段階のもう一つの側面が明らかになった。すなわち、実践モデルに取り入れられたさまざまな具体的活動は、ブルガーが実践的段階で提示した活動と一致し、その活動の過程を追ってみれば、一つの授業が把握の労作、精神的労作、表現の労作の段階によって構成されていることが明らかとなった。このことから、ブルガーの実践的段階は、「授業の導入→展開→まとめ・発展」を原則とした授業の設計モデルであるといえる。そして、この設計モデルに活動を提示したことは、普通の教師が普通の学級で日常的にできる労作教育の実践をブルガーが目指していたことによる。このブルガーの考えは、グレッケルが新しいレーアプランには、教師に新たな技術的熟練を求めるような活動ではなく、どの教師にも指導できる簡単なものが提示されるべきだとしたことに重なっている[15]。また、この両者の考えの重なりは、第1章で取り上げたジーグ

ルの改革に対する評価とも重なり合うことを指摘しておきたい。ジーグルは、労作教育を受けた子どもの学習能力が、「観察能力、話し言葉書き言葉が生き生きしていること、描くこと、手工、空間認識」の点で優れており、これをオーストリアの労作教育の成果だとした[16]。彼女のあげた学習能力のすべてが、ブルガーの実践的段階で提示された活動と同じであることは偶然ではない。

第4節　ブルガーの労作学校教師論

　ここでは、ブルガーが労作学校に求める教師の能力に関する論述に着目し、彼のいわば労作学校教師論を描き出すことによって、実践的段階の意義を確認したい。

　グレッケルが学校改革に着手した年の1919/20年度、ブルガーは、ウィーン教育庁の前身であった教員アカデミーにおいて、労作教育学の講義及び演習を指揮した[17]。表10は、ブルガーが主担当であった「労作教育学」講義の計画である。

　この講義は、演習も含めたリレー講義形式がとられた。表に示したように、ブルガーは、第1回目と第2回目の講義において、教育学としての労作教育学および労作教育教授学を担当した。第1回目には、第3章で見たような労作教育の目的論、人間陶冶を目的原理とする内容を、第2回目には、タイトルにあるように教授学、すなわち本章で取り上げた労作教育の実践的段階を取り上げたのではないかと考えられる。そして、第3回以降では、カリキュラムを貫く原理としての労作教育を各教科においてどのように展開するのか、ということが各分野の専門家によって論じられただろう。なお、この講義の担当者は、第2章の表4で示したウィーン教育庁における現職教員対象の開講講義の担当者7名と重なっている（表10下線部）。この講義計画からは、ブルガーが教員養成カリキュラムにたずさわっていたこと、またブルガーの労作教育の理念が教育省時代の上記のような試みをふまえ、ウィーンへと引き継がれたことを改めて確認できる。

　ブルガーはこの講義の開講の趣旨を「あらゆる教科や教材に徐々に労作教育を計画的かつ意識的に浸透させるために、労作教育的な方向へと入念に一つひ

第4節　ブルガーの労作学校教師論　103

表10　1919/20年度教員アカデミーでの「労作教育学」講義計画

1	教育学としての労作教育学(ブルガー)	9	労作的な博物学教授(K.Cローテ)
2	労作教育教授学(ブルガー)	10	博物学の指導と実験の技術(ダイジンガー)
3	初等教育における労作の原理(ツィネッカー)	11	描画における労作の原理(R.ローテ)
4	読書の理論と実践(ドラ・ジーゲル)	12	図面描画(ツァイテルベルガー)
5	労作学校の意義に基づく言語教授(リンケ)	13	造形と描画(ラング)
6	児童図書(メルト)	14	芸術鑑賞(トマセト)
7	弁論における技術(ファーベル)	15	工作室での木工と金工(ハルトマン)
8	郷土科における歴史教育(ヴァイリッヒ)	16	刺繍(M.ヴァイグル)

(1923, S.262)

とつの分野を関連させ、また全体へとまとまるようにつなげていくこと」にあると述べている(1923, S.262)。つまりブルガーは、ある教科、ある学校段階に特定されない、カリキュラム全体を貫く普遍的な原理としての労作教育を教育現場に普及させようと構想していた。

そのため、ブルガーは、労作学校教師論とでもいうべき教師像を以下のように示している。「労作学校の教師は、教材をつかさどり、教材にいのちを吹き込むことができなければならない。しかし、その場合の教材の知識は、それだけでは単なる前提条件に過ぎない。より重要なことは、教育的な能力、つまり生きた教材をつくるということは、これまでほとんど知識を転用することに終わっていた授業が、探究へと変わり、知識を消化し、問題を克服する授業へと変わっていくことである」(S.556)。このように、ブルガーは労作教育にたずさわる教師にとって、その教材を授業において構成する能力が必要であると考えていた。

ブルガーの教師論をふまえて、本章で取り上げた実践的段階の意味を再度考察するならば、実践的段階には労作教育における教師の力量を形成する機能があったとも考えられる。国家の状況が一変し、かつこれまでとは異なるレーアプランでの実践を求める急速な学校改革に直面し、多くの教師たちがとまどいを覚えたことは想像に難くない。また第2章でも明らかにしたように、改革当初は新しい教員の採用がなく、改革の普及は現職教員の手に委ねられていた。労作教育にはじめて取り組む教師は、ブルガーの実践的段階に、授業への具体

104　第4章　エドゥアルト・ブルガーの労作教育実践論

的指針を見いだしていたと考えられる。

　ブルガーの以上のような教師論には、いうまでもなく労作学校の教師は、自立性と行動の自由を有するものだと考えていることが背景にある。子どもの自立性は教師の自立性でもあり、子どもの探究は教師の探究でもある。ブルガーは、レーアプランに保障された教師の教える内容の自由と、教材開発の力、授業を構成する力という自立性を両輪にした労作学校の教師像を描き、実践的段階を構想したのである。

【注】
1　他にブルガーを取り上げている同時代の研究に、真田幸憲、北澤種一、梯英雄らのものがある。
2　竹井、前掲書、p.351。
3　Hackl, *Die Arbeitsschule*, S.102.
4　Ebenda, S.108.
5　Eduard Burger, Arbeitspädagogische Forschung in der österreichischen Schulreform, *Zehn Jahre Schulreform in Österreich Eine Festgabe*, 1929, S.76.
6　*Lehrplan*, 1920, S.4, 49.
7　Boyer, *Frohes Lernen*, S.6-11.
8　Ludwig Battista, *Großstadtheimat Ein Wegweiser für den heimatlichen Unterricht in der Großstadt mit besonders Rücksicht auf den Verhältnisse Wiens*, Schulbücherverlag, 1918, S.106-108を筆者要約。
9　Ebenda, S.81-82.
10　Josef F.Pöschl, Zwei Unterrichtsbeispiele, *Die Quelle*, 1924, S.733-736を筆者要約。
11　Ebenda, S.733.
12　Battista, *Großstadtheimat*, S.108-110を筆者が要約。
13　Ludwig Boyer, *Vom Schulboten zu Erziehung und Unterricht*, öbv & hpt Wien, 2000, S.290.
14　オーストリアにおける「図面と地図」単元の現在の動向は、以下の拙稿を参照されたい。「オーストリアの郷土科および事実教授カリキュラムにおける「図面と地図」単元の歴史的変遷――戦間期オーストリアの学校改革からの伝統――」『京都大学大学院教育学研究科紀要』第51号、2005年、pp.318-324。
15　*Ausführungen 1920*, S.2.
16　Siegel, *Reform of Elementary Education in Austria*, pp.112-113.
17　このようなリレー講義は、労作教育学にとどまらず、またオーストリア各地、トライスキルヒェン、ウィーナーノイシュタット、リーベナウ、ザルツブルク、インスブルックにおいても開講され、多くの教員たちが受講した(S.263,1923)。

第5章　戦間期オーストリアの労作共同体の取り組み
——労作教育の新たな展開——

　1920年代も半ばになると、レーアプラン改革や教員養成改革はある程度ウィーンに定着していく。そしてこの改革を理論的に支えたのがブルガーの労作教育論であった。より正確に言うならば、ブルガーの労作教育論も、オーストリアの学校改革の進み具合と両輪の関係にあり、相互に展開していくものであった。それがより明らかな形で見られるのが、本章で検討する労作共同体の取り組みである。ここでは、1920年半ばから後半にかけての学校改革が成熟していく過程を描きたい。

第1節　労作教育の新たな展開

　労作共同体の取り組みは、ブルガーが、総責任者として取り組んだ大規模な実験であった。この取り組みは、1925年から1929年においてウィーンのフォルクスシューレ、ブルガーシューレ、ハウプトシューレ、ゾンダーシューレ（特殊学校）など、義務教育段階のあらゆる学校種、また多くの教員が参加した非常に大規模なものであった。この取り組みの記録は、1931年に『労作・生活共同体としての学級の実践と理論（*Praxis und Theorie der Schulklasse als Arbeits- und Lebensgemeinschaft*）』にまとめられた。アックスによれば、戦間期のウィーンにおける学校改革の具体的な姿がこの一冊によって明らかになったという[1]。

　戦後、自身も学校改革局で活躍した戦間期オーストリアの労作教育の動向をまとめたフルトミュラー（Carl Furtmüller, 1880-1951）は、労作教育の次の段階に労

作共同体の取り組みが位置づくとして、次のように述べている。オーストリア第一共和国での学校改革は労作教育を中心にすえた教育方法の改革であり、これを批判するものたちも代替案を持っていなかったことから、強い批判勢力にはなり得なかった。それゆえオーストリアにおいて、労作教育による改革は、迅速かつ広範囲に行われ、しかもこの「方法的な基本理念の発展はこれで終わったわけではなかった」(傍点引用者)[2]。つまり、戦間期オーストリアの学校改革における労作教育は、レーアプラン改革が一定の成果を収めたことで完成したのではなく、その次の新たな展開があることをこのフルトミュラーのことばは示唆している。その新たな展開というのが、本章で取り上げる労作共同体の取り組みである。

第2節　ブルガーの労作共同体論

『労作・生活共同体としての学級の実践と理論』の冒頭、ブルガーは次のように書いている。

> 超モダンな者たちや、流行好きの者ならば、労作学校はそろそろもっとよりよいものによって取って代わられなければならないというだろう。つまり共同体学校によって！また別の人々は、労作学校は教授の領域において有効であり、共同体学校は訓育の領域において有効なのだというだろう。このような発言は、労作の原則が一部の領域のみに有効であり、労作教育家たちは訓育の最重要手段としての共同体における労作を促進していないという誤解を招くものである！[3]

この引用からは、この時期に労作教育に代わって共同体教育が新教育運動の流れとして主要な位置を占めつつあったことがわかる。「共同体の教育原則で、従来通りの『学校規律』を埋め合わせたい」[4]とする考えから、学級を社会的組織とみなす傾向の出現と、オーストリアにおける労作共同体の取り組みとはほぼ時期を重ねている。しかし上記の記述からは、ブルガーが共同体教育の重要性

第2節　ブルガーの労作共同体論　107

を認識しながらも、この流れに反発し、労作教育においても共同体教育が行われていると主張していることがわかる。

　そこで以下ではブルガーの労作共同体の理論を、労作教育と共同体教育のつながり、および彼の労作教育における目的論との関連から見ていく。

第1項　労作教育と労作共同体

　上記に引用したように、ブルガーは労作教育が教授領域だけでなく、訓育の領域においても有効であると主張している。『労作教育学』の初版を見れば、この時点ですでに彼は労作共同体について触れており(S.306)、彼が共同体教育を労作教育の流れに位置づけていたことがわかる。これは彼の次のようなことばからも明らかである。「労作の思考を第一に、第二に共同体の思考を置くことが正しい。この順序が逆になってはならない。……共同体学校は労作学校でなければならず、……共同体教育をより完全なものにするためには、教員が手に手を取って、労作の方法をより完全なものにする必要がある」[5]。このようにブルガーの共同体の構想には、労作教育が前提としてある。つまり、労作教育の延長線上に、労作共同体は位置づけられる。それは学校改革が進む中で、ブルガー自身が確認したことでもあった。すなわち、「学校共同体の形成を強制的に推し進めたわけではないが、……1919年以来、労作学校を計画的に実現しようとしている中で、共同体教育というものが自然に定着した」[6]のである。

　同様のことを、ブルガーとともにこの取り組みを指導したシュタイシュカルはより具体的に述べている。この取り組み前にすでに、多数の模範授業の指導やウィーン教育研究所内において、共同体教育の基礎となる実践に対する論争的な問題が提出されていたのだが、理論的基礎や共同体教育に関する問題の実践的な検討が欠けていた[7]。すなわち、改革が進む中で、労作教育による実践は、共同体教育のあり方の問題として再考の余地が出てきたというわけである。シュタイシュカルの論考からは、労作共同体の取り組みに着手する背景として、改革教育学のモダンな流れだけでなく、教育現場からの要請もあったことを確認できる。このことは、教育現場が新しいレーアプランによる実践の経験を一定期間経たことによって、労作共同体に対する理論的枠組みの必要性を認識す

るようになった過程を示しているともいえる。すなわち、時間的な経過としても、理論の展開のプロセスとしても、労作共同体の取り組みは、戦間期オーストリアのレーアプラン改革の「次の段階」であり、労作教育実践の新たな展開を導くものであった。

「自然に定着した」とブルガーがいう労作教育と共同体教育の関係を、フルトミュラーは次のように説明している。学校での労作は、「共同の作業と切り離すことはできない。労作は自己活動によってなされるものであるが、個人の自己活動は学級もしくは学級の中の活動グループの全員の中で結び付けられなければならない」[8]。つまり、学級という場は、子どもそれぞれが自己活動的に学習するだけでなく、共同体の一員としても活動する場でなければならないというのである。

ここに労作教育の二重の意味があるとフルトミュラーは見ている。それは、労作教育における個人と学級、つまり個と集団の関係性を指している。すなわち、子どもは個人として、共同体の活動に参加しなければならない一方で、自分に、もしくは自分のグループに課された課題の一部を、全体に対する義務の意識を持って引き受け、実行しなければならない。それゆえ労作教育は個人の活動、すなわち自己活動を促進する一方で、共同体としての活動にも適用できることになる[9]。

以上のように、戦間期オーストリアの労作共同体の取り組みは、レーアプラン改革だけにとどまらない労作教育の新たな展開として、学校改革の労作教育実践を次の段階に導くものと位置づけられる。

第2項　ブルガーの労作共同体論――「人間陶冶」という目的論をふまえて――

第3章で明らかにしたように、ブルガーの労作教育論の一貫した理念は「人間陶冶」を教育の最上の目的においていることである。労作教育の目的論には、労作を手工に限定したもの、また労作を職業に結びつけることにより職業教育をその目的にしたもの、さらにこの職業によって国家に貢献するという公民教育を志向したものなどがあった。ブルガーがこれらに対して「教育の目的は人間陶冶であり、労作教育においても精神的・身体的活動を通して、より完全な

人間に近づきうるようにつとめるものである」という姿勢を貫いていたことは、すでに述べてきたとおりである。

　では、この目的論は労作共同体論にどのように反映されたのだろうか。ブルガーは、共同体という観点から、社会形態をそのまま縮小したかたちで学校に取り入れる「生徒自治(self-government)」の形式は、労作共同体ではないとした。なぜなら、彼は「小さな社会母体では、生徒の労作の成長の過程を傷つけるような影響がある」と見ており、このことから、労作共同体には「教師による確かな指導が必要である」と考えているからである(1923, S.374)。

　これは、訓育の側面の強調から出てきた共同体教育に反対するブルガーの立場をあらわしている。彼は共同体教育における訓育もしくは規律といった社会的な教育の側面を認めてはいるが、それはあくまで社会生活の形式の模倣にすぎないと考えている。この考えは、後で詳細にみる実際の取り組みの中にも顕著にあらわれている。つまり、ブルガーは学校を決して社会の縮図とは見ておらず、またそうあるべきではないと主張している。学校において、子どもは社会から守られなければならず、教師によって適切に指導されなければならない存在だとブルガーはいう。

　ブルガーの労作共同体に対する考えを、「人間陶冶」という教育目的から再度考えてみる。ブルガーにとって教育とは「理想的な人間」へと近づく過程である。それは決して到達されるものではない。しかしその過程にこそ、真の人間性がある。このような考えに立つと、社会の規律を守るという教育は、「人間陶冶」を目指す労作学校には必要ないということになる。ブルガーは、子どもの労作の過程に見られる成長が、社会にある矛盾や不正によってゆがめられると考えた。それゆえ彼は、労作共同体においても、社会の縮図ではなく、あくまで「理想的な人間」へと近づくために、それを阻害するようなものを取り除いたかたちを求めたのである。

第3項　ブルガーの労作共同体論の実践理論

　しかしながら、ブルガーは「人間陶冶」といういわば大きすぎる目的をそのまま労作共同体に導入しようとしたのではない。そこで、彼が学級という集団を

基本とした労作共同体の実践を提唱している点に注意を向けたい。彼の労作共同体に対する理念は先に見たとおり、非常に抽象的かつ理想的なものであったが、その実践に関しては、学校教育の枠組みに合わせた現実的なものであった。彼は労作共同体を以下のように四つの段階にまとめている(1923, S.375.下線は原文)。

(1) <u>一つの学級の中で、活動させる</u>。その際には、通常の授業の指導をやめて、自由な形式で行うこと。
(2) <u>一つの学級の中でグループに分ける</u>。比較的大きなグループに分け、どのグループも同じ課題に取り組む。もちろん課題によって、グループの規模、形式、関係に一部変更を加えてもよい。
(3) <u>一つの学級の中で自由なグループ作業を行う</u>。子どもの傾向、才能、友達関係を考慮して、三人ほどの小グループに分かれ活動する。
(4) 最も高次なものとして、<u>自由な労作共同体、一つの学校の「作業同盟」</u>がある。この段階は、学級ごとのまとまりではなく、自由な作業集団、学校の生徒全員がそれぞれの希望、能力などによって集まる。

ここにあげたブルガーの構想する労作共同体の段階は、(4)以外は、すべて学級を単位としたものである。(4)はブルガーも最高次と断っているように、公教育の枠組みの中での実現は困難であったのではないだろうか。次に見る実践記録においても、フォルクスシューレにおいては学級を単位とした共同体形成に取り組んでいる。もちろん、他学級、異学年との交流が勧められてはいるが、学校を一つの単位とした共同体の取り組みは中心的な活動に置かれていない。このことからも、ブルガーは(3)の段階までをオーストリアの取り組みにおいて実践可能なものと想定していたと思われる。

これがたとえばペーターゼン(Peter Petersen, 1884-1952)のイエナ・プランなどとは異なる点である。ペーターゼンは、上記(4)のような学年制、学級制を廃した共同体形成を主張していたのに対して[10]、ブルガーは公教育の枠組みに有効な共同体のあり方を構想していた。そしてこれは実際の改革の取り組みにお

いても有効性を発揮したのである。

　ところで(3)までの段階、すなわち学級の中で大小のグループに分かれて作業するということは、とりたてて特徴的ではない。共同体ではなく、学習形態と言い換えることが妥当であるとさえ考えられる。しかし、このグループ分けを労作共同体と呼ぶかどうかは、ブルガーにとっては重要な問題ではなかった。「訓育学校、労作学校、あるいは共同体学校と呼ぼうが、変わりはない。当然同じ価値のものである。労作学校という呼び方が、政治的に『うさんくさい』のであればなくしてしまってもよい」[11]といっているように、名称はブルガーにとって重要なことではなく、あくまでも労作教育による実践の中に位置づけられる共同体教育を主張している。つまり極端な言い方をすれば、労作学校の取り組みの中で行われているグループ活動であるならば、それは労作共同体と呼ぶことができるのである。

第3節　戦間期オーストリアにおける労作共同体の取り組み

　ここからは、戦間期オーストリアにおける学級の労作共同体の取り組みの内実を明らかにしていく。そこでまず取り組みの特色と実践のための指針を概観する。

第1項　取り組みの特色

　シュタイシュカルは、『労作・生活共同体としての学級の実践と理論』の中で、取り組みの方針を次のように述べている。

> 　現在、合同教授と個人教授のどちらがいいのかということについての論争がある。モンテッソーリ教育やドルトン・プランは、自己活動の原則を完全に実施することに重点を置いている。すなわち、生徒一人ひとりが作業課題を自分で選択するか、もしくは教師によって割りふられた課題を自己活動で実行する。心理学的な洞察と実践的な経験から、彼らは基本的に年齢別学級編成を拒否している[12]。

1924/25年度、ウィーンの実験学級の教師集団は、一つの学級が、労作・生活共同体を形成することができるということを、教授および訓育において明らかにすることを課題として設定した。われわれは学級の基本的な組織形態は何も変えないという立場を取る。われわれがここウィーンで解決しようと取り組む課題は以下のようである。つまり、現在の学校組織(年齢別、性別学級編成)を基本的には変えずに、共同体学校の実践においてできることは何か(傍点引用者)[13]。

　この記述からは、戦間期オーストリアの労作共同体の取り組みが、二つの特徴を有していることがわかる。すなわち、まず、公教育としての共同体のあり方を探求すべく、当時のモンテッソーリ(Maria Montessori, 1870-1952)やドルトン・プラン(Daltonplan)の個人主義教育は行わないという点である。次に、共同体教育は重視するが、学年制や学級制という枠組みは排除しないという点である。これらの特徴は、戦間期オーストリアの学校改革が、すべての子どもたちを教育の対象としていたこと、また公教育として迅速に改革を進めようとしていた方向性に一致しているといえる。またもちろん、前節で見たブルガーの学級単位での労作共同体の実践の構想が反映されていることも明らかである。

　この取り組みの目的設定までには次のような経緯があった。まず、1922年のウィーン地区教員会議では、「子どもはその年齢に応じて(a)学校生活における秩序を維持し、(b)授業での話し合い(生徒の質問する権利)を形成し、(c)作業課題設定に参加し、その解決への手段と方法を選択し、そして作業の成果に対して評価するように導かれる」ことが労作共同体の取り組みへの助言として出された。さらに1923年の同会議では「すべてのフォルクスシューレおよびブルガーシューレにおいて、生徒を自由国家の市民へと教育するために、学校生活および授業は、(a)共同体の感情を育成することによって、(b)生徒の年齢に応じて、学級の生活および労作の秩序づくりに参加させることによって、(c)共同作業(作業の分担)の実施や共同遊戯の育成によって、(d)国民としての教訓によって構成されなければならない」とされた[14]。これらの目的設定は、先述のとおり、教育現場ですでに問題となっていた共同体教育に対する明文化でもあった。

労作共同体の取り組みは、1925年から1929年にかけて実施された長期的かつ大規模なものであった。前年の1924年10月27日に初めての会議が行われて以来、全体委員会13回、教員会議5回、グループ会合23回、地区会合8回、責任者会議2回、教員責任者会議2回というように、実に多くの会議、会合が開かれた[15]。ちなみにこの取り組みに参加した教員の数は、フォルクスシューレで212人（全体では309人）、他にも教育学者など多数が参加した[16]。

第2項　取り組みの指針

1924/25年度にこの取り組みを実施するにあたり作成された指針は、労作共同体の組織、訓育、授業という三つの領域をカバーしている。

組織に関する指針は、学級内の秩序づくりに関連している。ここで、教室内での座席の形態に言及されている点に着目したい。活動の目的に応じて、生徒がお互いを見わたせるように机といすを配置することが、労作共同体における組織のあり方として位置づけられている。つまり、教壇に向かって同じ方向を向いて座らせるよりも、グループでの活動や子ども同士の話し合いを活性化させると思われる座席の配置の方法が、授業ではなく組織の視点から考えられているのである。ここには、「組織＝規律・秩序」という考えは見られない。

次に、訓育に関しては、体罰を禁止し、級友に対して協力的になるような共同体形成が目指されている。ここでは、労作共同体において、指導の手段として子どもに道徳の評点をつけることを禁じている。つまり、態度の良し悪しを評点につけ、子どもを脅すことによって学級の集団形成を行わないという指導方針が明確に打ち出されている。それよりもここでは、子ども同士がお互いのことをよく知り、互いの喜びや悲しみを共有できるような同情的、友愛的な共同体を形成することが強調されている。これは、次章の評価改革においてみる態度欄評定の削除に重なり合っている。

この組織および訓育の側面から、学級内の秩序もしくは訓育ということばが、子どもの自己活動を学級において互いに高めあうという意味で使われていることがわかる。つまり、学校を社会的組織とみなし、そのための規律を重視する共同体教育とは異なる。この点もブルガーの労作共同体論と一致している。

授業の側面では、共同体形成のための方法が具体的に提示されている。その中でも「秩序のある生徒同士の話し合い」、「生徒も参加する毎日、毎週の授業計画の作成」および「生徒参加の評価（生徒の自己評価）」が特に重要だとされている[17]。

1924/25年度に取り組みに参加した教員たちは、1926年6月までにそのレポートをウィーン教育庁に提出する義務が課された[18]。以下の1〜10は、そのレポートを書く際の観点として提示されたものである。教師はすべての観点について書く必要はない。1931年に発行された『労作・生活共同体としての学級の実践と理論』は、この教師たちのレポートが多く収録された実践記録でもある。

この観点も、上記の組織、訓育、授業の三つの領域に分類できるだろう。組織には2と4が、訓育には1と3が、授業には半分を占める5から9の項目がそれぞれ対応する。授業に関するものが半分を占めていること、また組織や訓育に関しても、規律や秩序というよりも、活動しやすい教室づくりや子どもの実態把握を促すものが多い。このことからも、学級という単位で、また授業での実践という視点から労作共同体の取り組みを行っていたことがわかるだろう。ブルガーが述べたように、労作共同体の取り組みは労作教育の実践の延長線上にあったのである。

1. 秩序の維持、学級秩序をつくることにおいて、学級（ひとり一人の生徒）の参加はどのような中に見られたか。
2. どのような活動の際に、学級をグループに分けたか。それは生徒による自発的なものか、あるいは教師が提案したものか。
3. 秩序を維持した中で生徒の参加を促す際に、道徳的な感情や思考の際立った発達を確立することができたか。
4. 同じ学校の別の学年、同じ地区、あるいは町の別の学校、そのほかウィーンやオーストリアの学校との関係づくりにおいてどのような成功があったか。
5. 生徒の対話を始めるために、どんな特別な教材を用意したか。
6. 学級グループ、生徒一人ひとり（教師も）の参加を促すために、毎日、

毎週、毎月、一年の計画はどのように立てたか。
7. 学級(生徒)はその教材作りに参加できたか。
8. 学級への参加を促す中で、生徒の活動の評価と改善においてどのような経験をしたか。
9. 指導者と生徒の関係をどのように見ていたか。それには変化があったか。
10. この取り組みをするにあたり、どのような教育書、教育雑誌論文を最も参考にしたか。

第4節　労作共同体の実践
――子どもの自己評価導入に焦点をあてて――

『労作・生活共同体としての学級の実践と理論』におさめられた教師たちのレポートを読んでいくと、特に、上記「8.生徒の作業の評価と改善」に関するものが興味深い。この項目には、子どもの変容や教師自身の授業に対する振り返りなどが詳細に書かれ、労作共同体の実践の実態が明らかになっているからである。

レポートのこの項目には、従来の教師が行う評価に加え、子どももまた評価行為に参加している授業の様子が多く描かれている。この評価行為への子どもの参加をこの項目における特徴ととらえ、本章ではこれを自己評価と表現する。

自己評価という表現を使用するもう一つの理由に、項目において「評価と改善」が並列に表現されていることがある。つまり、ここでの評価は、作業の完成と評価を意味するものではなく、評価を通して作品をよりよいものに「改善」していくことを意味している。そのため、シュタイシュカルは、「教師は、生徒も評価者になることによって、友達を意識的に助けたいと思うように指導する」ことが必要だとしている[19]。

では、子どもによる自己評価はどのような領域において行われたのだろうか。記録を見る限りでは、その多くは作文(文法、つづりも含む)、絵画、手工において取り組まれている。その方法は、子どもの作品を掲示したり、あるいは発

表したりする中で、学級全体で批評しあうというものである。つまり、数字による評価が困難なものに、自己評価を取り入れるという傾向が見られる。ただし、算数にこの自己評価を取り入れていたという記録もある(第4、5学年)。この場合は、解答の方法が複数あるものに対して、それをみなで出し合い、検討するという方法がとられている。

　以下ではフォルクスシューレの教員たちの記録から、子どもによる自己評価の内実を明らかにしたい。ここには教員それぞれの取り組みがとても誠実に書かれており、当時の教員たちの評価に対する苦労の様子を読み取ることができる。以下の枠内には、教員名、および担当学年、学級編成を示したのちに、記録のまとめを行っている。領域、方法などの項目は、筆者が記録から共通する記述を独自に抽出した。これらは教員それぞれの記録から自己評価に関する項目を主にまとめたものである[20]。

教員名：レオポルディーネ・ドゥンクラー　学年：第1学年(女子)

領域：書き方、絵画

方法：作品を黒板に貼り、学級で話し合う。書き方は隣同士で交換し合い、点検する。

利点：自分の間違いに注意するようになる。

短所：思いやりを持たずに批判だけする。

教師にとっての意義：「絵画に対する子どもの評価によって、自分の作業を修正するきっかけをつくってもらった」

教員名：クレメンティン・エンスライン　学年：第5学年(男女混合学級)

領域：作文、算数、書き方、絵画

方法：作文の授業では朗読し、話し合う。算数では解答のさまざまな方法を調べる。絵画では作品について話し合い、改善の方法を提案しあう。ばかにして笑うことは決してあってはならない。生徒は他人を傷つけないように、自分の意見を率直に発表する。横柄な批判ではなく、穏やかな助け合いとして感じられるようにする。

> 利点：子どもは作文を返却されると、読み直し、もう一度自発的にその作業に取り組むという心構えができた。表面的なこと、自分に不足のあるところを認識することができた。一人の生徒に対するほかの生徒たちの要求のほうが、教師の要求よりも説得性があった。何人かの生徒は、できない生徒のよい面を見つけ出し、励ますようになった。これが学級の共通した喜びとなり、共同体における作業が彼らにとって何ものにも代えがたいものとなった。
> 短所：全員が一人を批判することによって、一人の立場を狭い見方で侮辱することがある。よくできる生徒ほど優勢な立場に立つ。
> 教師にとっての意義：「学級全体による評価は、わたし一人でする評価よりも有意義であった」「わたし一人が子どものノートを点検していたときには、子どもたちがお互いの能力を知ることもなかった」

　以上の記録および他の記録も参照し、そこから明らかになった点を、子どもおよび教師の点からそれぞれまとめてみたい。

　まず、子どもが自己評価もしくは相互評価を行うことによって、彼らが恥ずかしがらずに、自分の考えを口述、記述によって表現するようになったことがあげられる。また、語彙が増える、文法上の誤りがなくなるなど、知識の定着も見られる（第4、5学年複式学習遅滞児学級）。さらに自己批判ができ（第2学年男女混合学級）、それをふまえて、友達の作品に対する評価、そのよいところを自分の作品にも取り入れることができるようになった（上記第4、5学年）とある。また、エンスラインが記録しているように、できない子どもができる子どもにそのやり方を教わったり、できる子どもができない子どもを支援するということが、「学級の共通した喜び」となっている。これらのことは、「教師→子ども」という一方向的な評価のあり方とは異なり、子ども間の双方向的な評価方法の確立が、知識の獲得のみならず、彼らの関係づくりにおいても大きな役割を果たしたことを示している。

　一方、教師の側から、自己評価の取り組みの意義を見てみると、第1学年のドンクラーが「自分の作業の修正を行うきっかけを作ってもらった」と述べている

ように、子どもの評価によって教師が授業の修正を意識するようになったことがまずあげられる。これは評価が授業の終着点として子どもの授業の成果を値踏みすることを越えて、評価が授業の流れの一環として授業プロセスに位置づけられたことを示している。同様に、子どもの評価への参加が、教師が一人で評価していたときよりも有意義であったとする記録が複数ある。たとえば「評点をつける際に、その根拠をもう一度考えるようになった」(第2学年)ということばからは、自己評価導入で教師のこれまでの評価の基準を再考するきっかけを得たことがわかる。これは子どもによる自己評価が教師の評価活動にも生かされていることを示しており、現代的な視点から見ても非常に興味深いところである。

さらに、第5学年のエンスラインの記録は、自己評価だけでなく子ども同士の相互評価が授業に導入されていたことを示している。「一人の生徒に対するほかの生徒たちの要求のほうが、教師の要求よりも説得性があった」ということばからは、子どもたちが互いの能力を知ることによって、学級の中に「穏やかな助け合い」による共同体が形成されていたことがわかる。

またこの記録からは、自己評価の取り組みにおける課題も明らかにされている。たとえば、批判に終始する、よくできる子どもが学級において優位に立つ、また彼らが自分の行った自己評価が正しいかどうか教師に確かめるという傾向があるといった点である。労作教育のように、子どもの活動を重視する教育の取り組みにおいても、教師に依存した従来の評価観が依然根強く子どもたちに残ったという事実は、現代の自己評価導入における課題ともつながる。

本章では、労作共同体形成の取り組みを、戦間期オーストリアにおける学校改革の新たな展開と位置づけ、その内実を明らかにする中で、とりわけ自己評価を導入した実践に着目した。そこには、自己活動を促される労作教育の中ではどうしても見えにくい子ども同士の関係が見えるからである。そしてまさにこの点に、労作教育の新たな展開としての労作共同体の取り組みが導入された目的を確かめることができる。

自己評価に着目したもう一つの理由としては、次章とのつながりがあげられる。すなわち、本章で扱った労作共同体と次章の評価改革には深い関連性があ

る。次章では、評価改革を取り上げる中で、労作共同体の取り組みとの関連性についても明らかにしていきたい。

【注】
1　Achs(Hrg), *Schule damals Schule heute*, S.35.
2　Carl Furtmüller, Arbeitsschule-Gemeinschaftschule-Bildungsschule, *Erziehung und Unterricht*, 1947, S.622-623.
3　Eduard Burger, Theodor Steiskal, *Praxis und Theorie der Schulklasse als Arbeits- und Lebensgemeinschaft*, Deutscher Verlag für Jugend und Volk, 1931, S.6-7.
4　Achs(Hrg), *Schule damals Schule heute*, S.35.
5　Burger, Steiskal, *Praxis und Theorie der Schulklasse als Arbeits- und Lebensgemeinschaft*, S.7.
6　Ebenda, S.7.
7　Ebenda, S.3.
8　Furtmüller, Arbeitsschule-Gemeinschaftschule-Bildungsschule, S.622-623.
9　Ebenda, S.622-623.
10　対馬達雄「学校共同体論の簇生」長尾十三二編『教育運動の生起と展開　世界新教育運動選書別巻1』、明治図書、1988年、p.229。
11　Burger, Steiskal, *Praxis und Theorie der Schulklasse als Arbeits- und Lebensgemeinschaft*, 1931, S.7.
12　Ebenda, S.1.
13　Ebenda, S.1-2.
14　Ebenda, S.2.
15　Ebenda, S.18.
16　Ebenda, S.233-242をもとに筆者が集計。
17　Ebenda, S.3-6
18　Ebenda, S.19.
19　Ebenda, S.6.
20　Ebenda, 1931, S.34-75.　記録以外の本文における引用も同様である。

第6章　戦間期オーストリアの評価改革
―― 第2次世界大戦後に継承された記述式評価 ――

　これまでの章では、レーアプラン改革にはじまり労作共同体の取り組みにいたるまで、戦間期オーストリアの学校改革で展開された労作教育の実践を検討してきた。この一連の「内なる改革」の取り組みの中で、授業の中心となる労作の過程や成果を評価する新しい枠組みが必要となってくるのは当然の道筋である。そこで本章では、戦間期オーストリアの評価改革を明らかにすることによって、労作教育による教育実践の全体像を明らかにしてみたい。

第1節　記述式評価の導入

　評価改革は、1919年オーストリアで学校改革が始まると同時に、レーアプラン改革と並行して着手された。この評価改革の最大の特徴として、記述式評価（Schülerbeschreibung）の導入が挙げられる。記述式評価は、成績を表す数字だけではなく、教師が子どもをより把握できるように、ことばによっても評価を記述するものである。1919年、最初の記述式評価案が出された後、1922年および1928年に改善案が出された。子どもを把握する記述式評価の方法において、二度の改善案が出された点に、この評価改革を検討する意義がある。本章では、1919年、1922年、1928年のそれぞれの案を比較検討するとともに、評価方法の変遷が学校改革全体の取り組みとどのような関係があったのかということを論じることにしたい。

　本研究において、評価改革ということばは、戦間期オーストリアにおける記

述式評価の導入およびその一連の取り組みを示すものとしたい。そもそも筆者が、記述式評価という訳語をあてている原語「Schülerbeschreibung」には、「評価」という意味は含まれていない。直訳するとすれば、「生徒に関する記述（描写）」となる。しかしながら、この直訳からも推測が可能であるが、生徒の学校生活における記録の類、とりわけ教育活動に関する記述は「評価」と称するのが一般的である。加えて、文献資料等にも、「Schülerbeschreibung」に記入する内容として、子どもの能力や学習の成果、あるいはどのように評価するか（beurteilen）というようなことが検討されていることから、「Schülerbeschreibung」は「評価」に関するものだとみなすことができる。

このような点から、「Schülerbeschreibung」という語句には記述式評価ということばをあてることとし、また「Schülerbeschreibung」導入をめぐる戦間期オーストリアにおける一連の取り組みを「評価改革」と総称することにしたい。

さて、戦間期の評価改革に対する現在の一般的見解は、当時ウィーンを中心に栄えた、フロイト（Siegmund Freud, 1865-1939）から始まりアドラー（Alfred Adler,1870-1937）、カール・ビューラー、シャルロッテ・ビューラーらによる深層心理学、個人心理学の発展が直接的な影響を与えたということで一致している[1]。アックスがいうように、この時代の心理学の発展は「教師の教育的営みの中で本質的な支え」[2]であった。

しかしながら、戦間期オーストリアの学校改革を労作教育による教育実践の視点から明らかにしたいという本研究において、この評価改革を考察するならば、労作教育を柱としたカリキュラム改革とその実践が、当時の改革教育学の潮流の中でも先駆的なものだったとする現在の論考を忘れることはできない[3]。心理学が評価改革の「本質的」な背景であったならば、授業実践に密接に関連する「教師の教育的営み」に他ならない評価は、どのような理論および実践の背景を持つものであったのだろうか。

筆者はそれを戦間期オーストリアの学校改革の柱であった労作教育に見出したい。事実、この評価改革は、「自己活動という授業方法の改革を遂行する中で、評価に対する新しい視点が必要である」[4]という位置づけのもとに、レーアプラン改革と同時並行的に行われた。また別の根拠をあげるならば、評価改革の歩

みが労作教育の実践の歩みと時を同じくしていること、さらに、評価改革に関わった教育学者および実践者が、労作教育の実践を進めてきた人物と一致していることがある。それが、すでに取り上げてきたブルガーとシュタイシュカルである。特に、第3章と第4章で検討したブルガーの労作教育論は、評価改革の理論的背景を読み解く視点になる。また、シュタイシュカルは、第5章で取り上げたように、労作共同体の取り組みに関わった人物であるが、評価改革にも同時に関わっており、両方の取り組みの関連性を明らかにする上で、重要な人物となる。

本章では、労作教育改革を背景にした評価改革の内実を、次のような作業によって明らかにしていく。まず、労作教育において目指された能力観を、ブルガーの論考から明らかにする。次に、評価改革の内実として、いわゆる日本の指導要録に当たる記述式評価の導入と変容を、時代を追って検討する。これによって戦間期の評価観の転換および能力観の変容が見えてくるだろう。

さらに、この評価改革が、第2次世界大戦後の評価方法のあり方に影響を与えた事実に着目し、戦間期の評価改革と戦後のそれとの連続性や相違点を指摘する。これは、本研究の第三の課題である、戦間期オーストリアの学校改革が第2次世界大戦後のオーストリアの教育にどのような影響を与え、またどのように展開したのかについて明らかにすることに応えるためである。

第2節　労作教育が目指す能力

評価の方法を見る前提として、まず、労作教育が目指していた能力について見ていきたい。

教育省文書および雑誌論文の中には、「才能(Begabung)」、「素質(Anlage)」、「成果(Leistung)」、「能力(Leistungsfähigkeit)」という能力に関するキーワードを見出すことができる。

グレッケルは、「これまでのように獲得した知識の範囲を評価するというだけでなく、主に生徒の才能を明確にするべきである」という評価に対する考え方を示していた。この場合、「才能(Begabung)」の評価とは、作文の授業において、

文法的な間違いの数で評価するのではなく、思考、記憶力、想像力に基づいて評価する、あるいは数学の解答の過程を評価することを意味している[5]。

さらに、以下で詳述する1922年案に添えられた「記述式評価導入の手引き」には次のように書かれている。「今日、一般的見解として、才能の下に知的な能力(intellektuelle Leistungsfähigkeit)がある。この知的な能力とは、(問題や考えを——引用者注)包括する(Auffassen)、気がつく(Merken)、結びつける(Kombinieren)、判断する(Urteilen)、結論づける(Schließen)、価値づける(Werten)ことに関連する能力である」[6]。この能力の定義は、問題を包括する、結びつけるといったように、知識の量、才能や資質ではなく、学習の中で知識獲得にいたる思考の過程を示すものである。

このように知識獲得にいたる過程を重視し、その過程を評価しようとする背景には、労作教育が大きく影響していることは間違いない。第4章において見たように、ブルガーは、労作教育を授業において展開するために、「気づく、把握する(判断する)、表現する」からなる実践的段階を置き、それぞれの段階に適した活動を提示した。これは「記述式評価導入の手引き」に示された、問題に気がつき、考えを結びつけ、結論づけるといった能力観に一致している。ここに示された能力は、生得的な能力ではなく、労作の過程で培われる能力であり、労作教育のめざす能力である。したがって、上記にあげたような知識獲得の過程を評価する方法は、労作教育の実践に対する評価の方法ともいえるのである。

第3節　記述式評価の変容
―― 共通質問項目から自由記述式へ ――

本章の冒頭で述べたように、1919年に最初の改革案が出された。その後に出された1922年および1928年での改善案は、「記述式評価」の方法に焦点を置いたものであった。記述式評価はなぜ二度にわたり改善されたのだろうか。

第1項　1919年の記述式評価

改革以前、子どもの教育記録は、「目録(Katalog)」と「成績証明書(Schulzeugnis)」

からなっていた。目録は、内部文書であり、本人氏名、保護者氏名、その職業、あるいは成績など、子どもに関する情報が記載される。また成績証明書は、個々の教科に関する「成果(Leistung)」が数字で表される。これは子ども及び保護者に学期末、あるいは年度末ごとに手渡される、いわゆる通知表である。

この教育記録に加え、1919年に「記述式評価」を取り入れることが明記された。「記述式評価」とは、教師が子どもを把握するための観察の記録で、従来の数字だけによる評価に加え[7]、心理学のカテゴリーから見える子どもの姿を、記述によって評価しようとするものである。これは「目録」と同様、外部に公表されない内部文書である。したがって、これは日本の指導要録に相当するものと考えてよい。

1919年5月14日、教育省の公示の中に、「中等教育段階に進学を希望する生徒の選別は、記述式評価をもとにしなければならない。この記述式評価には、生徒がフォルクスシューレの授業において獲得した認識についての説明がなされる」[8]とある。この公示から2ヵ月後、グレッケルは、教育省の別の文書の中で、記述式評価は、子どもの入学からその教育期間を終えるまで引き継がれる記録として、転校、進学、職業指導をより迅速に、また適切に行うためだと述べている[9]。

現在では、改革が始まるとほぼ同時に出されたこの案については、「中等教育段階移行のための実用性を重視した一面的なもの」[10]だったとされている。ただし、グレッケルも述べているように、1919年案には実践を踏まえて改善すべき余地が残されており[11]、それが次の1922年の改善案へとつながっていく。

第2項　1922年の共通質問項目による評価

1922年5月15日の公示において、記述式評価の位置づけを強化することが決められた。子どもの身体的、精神的発達の特徴を書き記すために、1919年の記述式評価にはなかった共通の質問項目に記述する方法をとることが、この案では明記されたのである。共通質問項目の導入の背景には、制度と実践の面からそれぞれの理由があったと考えられる。

制度上の理由として、評価改革の全国的普及を意図していたことがあげられ

る。つまり、新しいレーアプランおよびそれに基づく実践の浸透には、共通質問項目を設定した評価方法が適していると考えられた。

　実践上の理由としては、指定された項目に関する記述によって、子どもの能力を正確にとらえようとする評価に対する考えがあったと思われる。共通質問項目は、身体的性質や精神的性質などに分けられ、たとえば後者では「子どもの感覚、理解の様子、注意深さ、記憶力、観察力、想像力、思考、作業の様子、感情と意思、疲れやすさ、共同体での位置、ことば」の12観点について26の質問があげられている。以下にその一部を示しておきたい[12]。

- 記憶力がよいか。あるいは悪いか？（注意力）
- 自主的に観察できるか？　正確に観察できるか？　その際、どのような領域で優れた観察を行うか？（観察力）
- 正誤の区別、非本質的、本質的なことの区別ができるか？時間的、空間的な関連性、因果関係を把握できるか？（思考）
- 自分の意志をすぐに決定するか？　あるいは注意深くゆっくりと決定するか？（感情と意志）
- 共同体に適応しているか？　誠実、素直、几帳面、協調性、責任感、自制心、自立心を示すか？（共同体での位置）

　これらの質問項目は、心理学、特に心誌法（Psychographie）の影響を強く受けている[13]。したがって、その特徴は、ほとんどが観察力や思考力というような能力を評価の枠組みとしており、能力を機能によって分類していることにある。共通の項目にあらわされる子どもの姿は、進路指導の際に非常に有効であった[14]。すなわち、同じ項目で評価することで、教師に特別な能力がなくとも子ども間の比較が可能となる。それはまた当時の選抜をともなう教育制度にも合致するものであった。この共通質問項目による評価は、1952年までウィーンの義務教育段階の学校で使用され続けたように[15]、評価方法の普及という点では、まさに適切なものだったのである。

　しかしながら、労作教育による授業に対する評価を考えたとき、この方法は

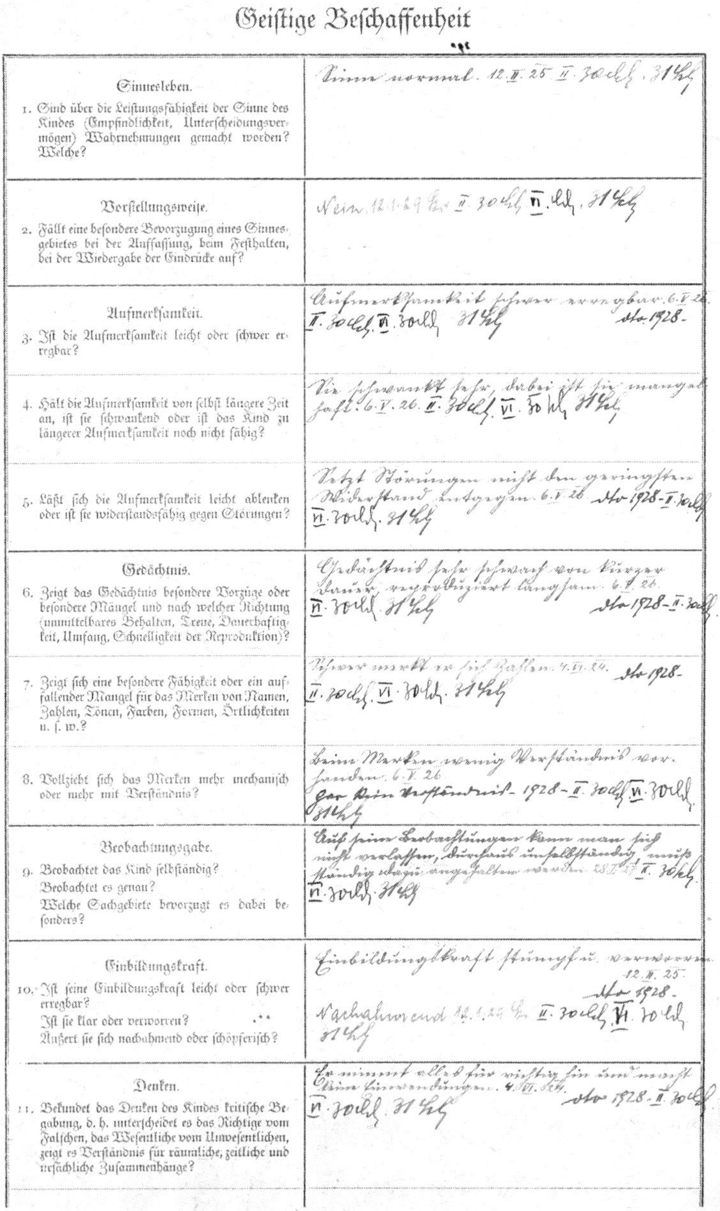

Geistige Beschaffenheit

Sinnesleben. 1. Sind über die Leistungsfähigkeit der Sinne des Kindes (Empfindlichkeit, Unterscheidungsvermögen) Wahrnehmungen gemacht worden? Welche?	Sinne normal. 12.II.25 II. 30 [illegible] 31 [illegible]
Vorstellungsweise. 2. Fällt eine besondere Bevorzugung eines Sinnesgebietes bei der Auffassung, beim Festhalten, bei der Wiedergabe der Eindrücke auf?	Nein. 12.1.29 [illegible] II. 30 [illegible] VI. [illegible] 31 [illegible]
Aufmerksamkeit. 3. Ist die Aufmerksamkeit leicht oder schwer erregbar?	Aufmerksamkeit schwer erregbar. 6.V.26. II. 30 [illegible] VI. 30 [illegible] 31 [illegible] dto 1928
4. Hält die Aufmerksamkeit von selbst längere Zeit an, ist sie schwankend oder ist das Kind zu längerer Aufmerksamkeit noch nicht fähig?	Sie schwankt sehr, dabei ist sie mangelhaft. 6.V.26. II. 30 [illegible] VI. 30 [illegible] 31 [illegible]
5. Läßt sich die Aufmerksamkeit leicht ablenken oder ist sie widerstandsfähig gegen Störungen?	Setzt Störungen nicht den geringsten Widerstand entgegen. 6.V.26 dto 1928 – II. 30 [illegible] VI. 30 [illegible] 31 [illegible]
Gedächtnis. 6. Zeigt das Gedächtnis besondere Vorzüge oder besondere Mängel und nach welcher Richtung (unmittelbares Behalten, Treue, Dauerhaftigkeit, Umfang, Schnelligkeit der Reproduktion)?	Gedächtnis sehr schwach von kurzer Dauer, reproduziert langsam. 6.V.26. VI. 30 [illegible] 31 [illegible] dto 1928 – II. 30 [illegible]
7. Zeigt sich eine besondere Fähigkeit oder ein auffallender Mangel für das Merken von Namen, Zahlen, Tönen, Farben, Formen, Örtlichkeiten u. s. w.?	Schwer merkt er sich Zahlen. 4.VI.24. dto 1928 – II. 30 [illegible] VI. 30 [illegible] 31 [illegible]
8. Vollzieht sich das Merken mehr mechanisch oder mehr mit Verständnis?	Beim Merken wenig Verständnis vorhanden. 6.V.26 Gar kein Verständnis – 1928 – II. 30 [illegible] VI. 30 [illegible] 31 [illegible]
Beobachtungsgabe. 9. Beobachtet das Kind selbständig? Beobachtet es genau? Welche Sachgebiete bevorzugt es dabei besonders?	Auf seine Beobachtungen kann man sich nicht verlassen, durchaus unselbständig, muß ständig dazu angehalten werden. 28.I.27 II. 30 [illegible] VI. 30 [illegible] 31 [illegible]
Einbildungskraft. 10. Ist seine Einbildungskraft leicht oder schwer erregbar? Ist sie klar oder verworren? Äußert sie sich nachahmend oder schöpferisch?	Einbildungskraft stumpf u. verworren 12.II.25. dto 1928. Nachahmend 12.1.29 [illegible] II. 30 [illegible] VI. 30 [illegible] 31 [illegible]
Denken. 11. Bekundet das Denken des Kindes kritische Begabung, d. h. unterscheidet es das Richtige vom Falschen, das Wesentliche vom Unwesentlichen, zeigt es Verständnis für räumliche, zeitliche und ursächliche Zusammenhänge?	Er nimmt alles für richtig hin und macht keine Einwendungen. 4.VI.24. VI. 30 [illegible] 31 [illegible] dto 1928 – II. 30 [illegible]

図13　実際に記入された記述式評価用紙の一部（1922年）

果たして十分であったといえるだろうか。

第3項　1928年の自由記述による評価——評価観の転換——

　1928年、ウィーン地区教員会議によって、新しい記述式評価案が出された。これは、1922年案のひな形的な記述式評価に対して、教員の側から不満が出ていたことが背景にあった。具体的には、1922年に使用が義務付けられた質問紙が、学校の実状に適していないこと、またそれに記入する教師の負担があまりにも大きいという二つの理由があった[16]。この結果、共通質問項目を廃止し、その代わりに自由記述による記述式評価を導入することが1928年案の最大の特徴となった。

　記述式評価における共通質問項目の廃止は、1922年の共通質問項目のように子どもの能力を「個々の機能に分類してはならない」とする立場をウィーン教員組合がとったことによる[17]。1928年案では、「すべての子どもはレーアプランの要求に関する日常の成果を評価される」、「評価は、各学年で定められているレーアプランの最低限の要求を基本とする」ことが明記されている[18]。すなわち、1928年案では、レーアプランを基本に、学級の活動、授業という枠組みの中で総合的に記述するようになったのである。以下は、1928年案の一部である。括弧内は教員のために示された記入例である。

---

1. 全体的な印象（たとえば、目に見える印象、気質、学習タイプ、臆病さ、自信について）
2. 共同体の一員としての子ども
    A. 学校で
        a) 学級での位置（たとえば、リーダー的存在か否か、好かれているか否か、一人でいることを好むか否か）、友達あるいは学級に対するふるまい（おとなしいか否か、協力的か、権力追求的か、反抗的かなど）
        b) 教師に対する態度〔略〕
3. 遊び、運動、活動における子どもの様子
    A. 遊びや運動のとき〔略〕

> B. 活動のとき
> 　a) 活動時の態度
> 　　<u>活動の動機</u>(ほめられること、教師への親しみ、義務感、興味、やる気、活動意欲、模倣、協力性、強制、競争心など)
> 　　<u>活動時の態度</u>(活動過程における適応、個人活動、グループ活動、進行を妨げるか、活動能力、活動に対する喜び、集中力、粘り強さ、疲れやすさ、活動に対する喜び、活動に対する尻込みなど)
> 　　<u>活動の方法</u>(速い、遅い、慎重、慌てて、不正確、依存、表面的など)
> 　b) 成果表(以下略)

(Leitsätze, 1928, S.301-302から引用者抜粋)

　上記の3. B.「活動のとき」の箇所に着目してみると、活動時の動機、態度、方法という観点から教師が自由に評価するようになっている(下線部分)。ここから1928年の記述式評価では、評価の視点を能力という機能から学習のプロセスや状況へと移し変えたことがわかる。

　では、授業の中で子どもの姿を包括的にとらえようとした1928年の記述式評価の変化を、労作教育の視点からはどのように考えられるのだろうか。評価の対象を、1922年案の能力という枠組みから1928年案の授業という単位に転換した動きを、筆者は評価観の転換ととらえたい。この転換は、学習のプロセスを評価しようという労作教育のめざす能力観が実践を通して浸透していくことに伴って、評価に対するとらえ方も変化させる必要性が出てきたことに起因すると考えられる。

　ただし、この1928年案は実施されるにはいたらなかった。それは評価改革を含め、学校改革全体をめぐる当時の政治状況が許さなかったことに原因があろう。それでもなおここで本案を検討したのは、戦間期の評価観の転換、また次節に考察する能力観の変容をとらえるためである。さらにいえば、1928年案に影響を受けた記述式評価案が戦後に見られたことを本章の最後で言及するための素地でもある。

第4項　能力観の変容——態度欄評定の削除に着目して——

　記述式評価の変遷を見る中で、もう一つ興味深い事実が浮かび上がってくる。態度欄評定の取りあつかいについてである。ここでは、1922年には存在した4段階評定による「勤勉さ」欄と「態度」欄が、1928年案では削除されたことに着目したい。

　この変化を解釈するためには、シュタイシュカルの論が有効である。シュタイシュカルは、ブルガーとともに労作共同体の取り組みに大きく貢献した人物として前章で取り上げたが、先ほどから繰り返し引用している1922年の記述式評価の手引きを執筆した人物でもある。

　1922年案が出る直前の1921年3月に、シュタイシュカルは「成果自体を、生徒の活動も含めて、質と量だけで評価するだけでなく、それに費やした手工の技術、精神力、道徳的力（まじめさ）をも評価に入れるべきである」と述べている。しかし、その上で手引きの中では、行為、勤勉さ、興味、几帳面さなどは、評点に加えて通知表に付加的に記述で表現できるとするものの、いわゆる教科学習の成果を評価するところではこれを評価しないようにと制限をつけている[19]。

　このことから、1922年から1928年にかけての態度に関する評価観および能力観の変容は次のように総括できるだろう。すなわち、記述式評価を自由記述で行うという変化の背景には、知識獲得の過程を重視するといった労作教育を反映した評価観の変容があった。ただし、その背景にある能力観には、情意的なものを内包する論が一方であり、他方で、それに対する評価、とくに評点による評価は行わないとする論もあった。シュタイシュカルは、後者の考えが主流になりつつあることをふまえ、「態度」や「勤勉さ」において評点をつけない流れも出てきたとしているが、1921年の時点では、評点を廃止することは急激すぎる変化として、これを退けている[20]。しかし結局、7年後の1928年にはこの変化を受容することとなり、労作教育改革が熟した時期に態度欄評定は削除された。すなわち、評点で評価するものは教科学習での成果（Leistung）に限定し、また関心意欲などは能力の一部として、シュタイシュカルのことばを借りれば、「成果の背景にある能力」とみなし、記述式評価に記録されるが、評点そのものには反映されない案が提出されたのである。

第4節　評価改革と労作共同体の取り組みの関係

　1922年の共通質問項目による評価は、あらかじめ定められた項目を埋めていくことによって、子どもの性質が把握できると考えられていた。心理学に依拠した子どもの把握が、授業活動および評価活動の根本にあったからである[21]。また、教師に評価に関する専門的な知見がなくても、子ども同士を同じ項目によって客観的に比較することが可能となり、その上、この方法は分岐制の教育制度にも合致するものであった。これは先述の通り、新しいレーアプランによる教育を全国に徹底させるためには効果的であった。しかしながらこの方法には、教育の現場から、すなわち評価する教師の側からの不満があった。それは共通質問項目への記入が煩雑であったことに加え、子どもとは項目の一つひとつにあるような能力の集合体ではなく、「機能的に相互に絡み合い、またそこから独立する」[22]ものだという教育的視点に立つ批判であった。つまり、1922年案に対しては、仮に項目を完璧に記入したところで、子どもを包括的にとらえたことにはならないという教師の経験が提出されたのである。

　そこで登場したのが、1928年の自由記述による評価である。その特徴は、子どものいきいきとした姿を描くことができ、子どもそれぞれの個人内における比較が可能である点である。すなわち、共通質問項目においては、選抜的要素が残されていたように、他者との比較という評価観があり、他方、自由記述においては、現在でいう「個人内評価」がその評価観として見いだされるのである。たとえば、「いきいきとした活動意欲と知識獲得への意欲を見せる」といった評価があるとすれば、それは単なる子どもの性格描写というだけでなく、授業の課題に対する子どもの重要な成長の記録だとする評価観が、自由記述式の評価には見られるのである。しかしながらそこには「教師の偶発的な主観性を十分に調整し、また教師は生徒に常にそれを保障できるのか」といった問題が出てこよう[23]。この場合、評価の責任は教師にある。すなわち、教師の特別な能力を必要としないとした共通質問項目による評価と、自由記述による評価には、誰が何を評価するのかという点において本質的な違いがある。

　それでは、1928年案の自由記述式評価において、上記のような教師の偶発的

な主観性を調整するためにどのような工夫がなされたのだろうか。その一つが子どもによる「自己評価」である。

　1928年案指針の「能力の評価について」の最終項目には次のようにある。「子ども自身が、自分やほかの子どもの能力について、客観的な評価を行い、それによって『自己批判（Selbstkritik）』、『自己評価（Selbstbewertung）』が正しくできるようにすることが重要である」[24]。これは1922年には見られなかった評価方法である。「自己評価」は、前章の労作共同体の取り組みの一つとして取り上げたばかりである。すなわち、労作共同体の取り組みと評価改革には、「自己評価」という共通したキーワードが見られるのである。

　そこで、この両者に共通する「自己評価」を手がかりに、評価改革と労作共同体の取り組みにおける関連性を考えてみる。実は、子どもによる自己評価を労作共同体の取り組みの一つに置いたことは、この取り組みと並行して、評価改革が1928年の転換点を前に、改善の途上にあったこととおおいに関係がある。先述の通り、労作共同体の取り組みは、1924/25年度に開始され、1926年に現場からの報告が義務づけられていた。この時期設定からも、労作共同体における自己評価の取り組みの成果を、1928年の記述式評価案に取り入れることは十分可能であった。すなわち、子ども自身が、自分や他の子どもの能力について客観的な評価を行うという1928年案の自己評価への言及は、前章の労作共同体における自己評価の取り組みの成果をふまえたことによって導入されたと考えられる。

　前章では、労作共同体の取り組みを、労作教育によるレーアプラン改革に続く新たな展開であったと位置づけた。それはこの評価改革にもあてはまる。つまり、新しいレーアプランによる実践が重ねられる中で、労作教育に適した評価方法が検討された。その検討の過程で、共通質問項目による評価が考えられ、またさらに、労作共同体の取り組みを一つの転換点として、自由記述式評価や自己評価という評価方法が提案された。つまり、1922年から1928年の記述式評価の変遷は、労作共同体の自己評価の取り組みが契機となっていたのである。このように、労作共同体の取り組みと歩みをともにしてきた評価改革の経過は、戦間期オーストリアの労作教育実践におけるもうひとつの「新たな展開」として見ることができる。

第5節　第2次世界大戦後に引き継がれた評価改革

　戦間期オーストリアの学校改革のいくつかの領域の中には、第2次世界大戦後に引き継がれたものがある。レーアプランや教科書と並び、記述式評価もそのうちの一つである。次章で検討する戦後のレーアプランについては、戦間期のものがほぼそのまま踏襲されたのに対し、記述式評価については、戦後、それ自体に改善の手が加えられた。また、ウィーン教員組合と教育省という二つの異なる団体がそれぞれに改善に取り組んだことも、他の領域の改革とは異なる特徴として指摘できる。以下では、戦後における評価の取り組みを、戦間期のものと比較しながら見ることによって、戦間期の評価改革の意義を再考することにしたい。

第1項　1947年と1949年――ウィーン教員組合と教育省の動き――

　戦後すぐの時期に、記述式評価をめぐっては二つの異なる団体による取り組みがあった。時間的な流れに沿って示すと、第一に、戦間期の改革の中心であった1928年案に依拠したウィーン教員組合の取り組み(1947年)、第二に、教育省による取り組み(1949年)である。

　先述のとおり、1928年の自由記述式による評価案は、当時、実施されることはなかった。しかし、ウィーンの教員たちは、その後、1932年に改訂を加えるなどの取り組みを独自に行っていた。そして戦後、1947年に開催されたウィーン教員会議では1928年案を土台にした記述式評価の案を発表するにいたる[25]。

　この1947年案では、1928年案で主張されたように、記述式評価を、統一の質問項目によらず、自由記述によって行うことが踏襲されている。さらに一歩進んで、この案では「選抜のためではなく、訓育および授業の際、生徒個人を助けるため」の評価が前面に打ち出され、加えて記述式評価が教員自身の「教育活動を振り返るため」の機能を有することが明言された[26]。ここにいたってはじめて、指導と評価の表裏一体の関係が、公的に言及されたのである。この点については、先で考察したように、1928年の記述式評価および労作共同体の自己評価の取り組みが下敷きにあることはいうまでもないだろう。

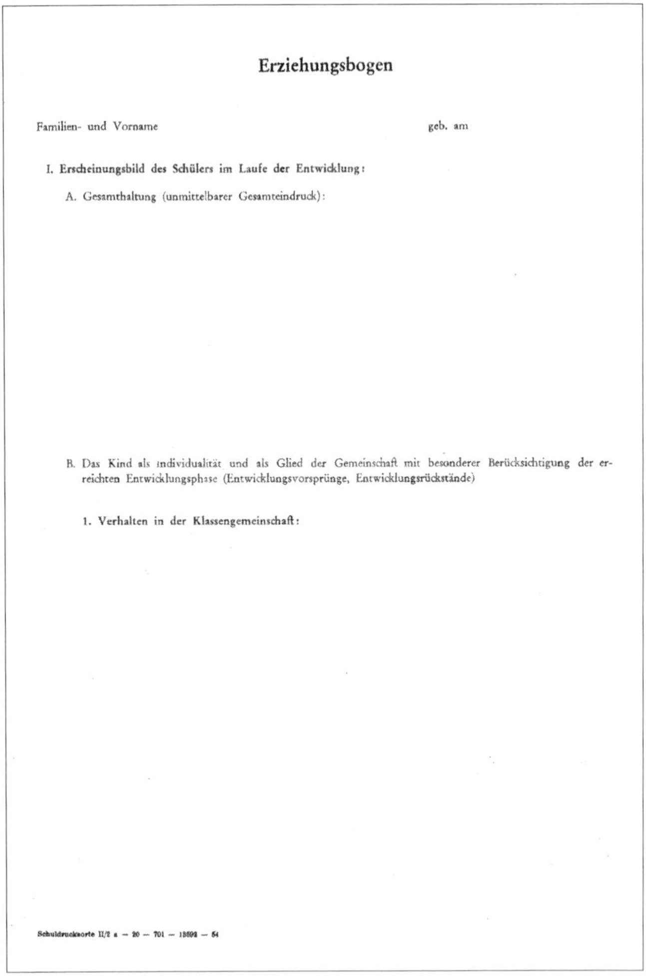

Erziehungsbogen

Familien- und Vorname　　　geb. am

I. **Erscheinungsbild des Schülers im Laufe der Entwicklung:**

A. Gesamthaltung (unmittelbarer Gesamteindruck):

B. Das Kind als Individualität und als Glied der Gemeinschaft mit besonderer Berücksichtigung der erreichten Entwicklungsphase (Entwicklungsvorsprünge, Entwicklungsrückstände)

1. **Verhalten in der Klassengemeinschaft:**

Schuldrucksorte II/2 a — 20 — 701 — 13692 — 54

図14　1949年型の記述式評価用紙の一部
図13と比較すると、項目が少なく、また記述欄のスペースが広く取ってあることが明らかである。

上記のウィーン教員組合の動きに遅れること2年、1949年に、今度は教育省が記述式評価の改革に向けて動き出すことになる。その中心となったラング(Ludwig Lang)は、1922年、1928年および1947年の案を参照し、「現代の変容した教育の現状および過去25年の心理学の発展」を加味した新しい記述式評価を立ち上げる必要があるとした。そしてそれは、「簡素」で「柔軟」かつ「継続的」な

構成でなければならないとし[27]、図14のような6-8頁からなる記述式評価用紙を作成した。この新しい様式に対して、一部には「1947年の基本的理念を全く踏まえず、大幅に縮小したものだ」という批判があったものの、ウィーン教員組合側はこれを吟味した上で、結果これを受け入れることにした[28]。さらに、1952/53年度には、中等教育段階の第1学年にこの記述式評価が試験的に取り入れられもした。これは、初等教育段階との接続を意識した評価のあり方を模索するものであったと考えられる[29]。

第2項　学級記述式評価の導入

　戦後、評価の取り組みの中で、学級という共同体(Gemeinschaft)を一つの単位として評価し、指導に役立てようとする動きがあったことにも触れておきたい。1952年に試験的取り組みが告知された「学級記述式評価」(Klassenbeschreibung)である。これは、子ども一人ひとりに対する記述式評価に対して、学級という集団を把握し、個と集団という関係からよりよい指導のあり方を探究したものである。

　この「学級記述式評価」は、戦間期の労作共同体の取り組みの成果をふまえて導入された評価である[30]。加えて、オーストリアが世界の動向から取り残されていたナチス時代に、米英において研究が進められた社会心理学やソシオメトリーの影響があるという指摘もある[31]。

　「学級記述式評価」は、学級の統計、教育活動・指導に関する学級の中での子どもの評価、補完的な指導の記録という3種類の用紙から構成されている。特に、教育活動・指導に関する評価は、子どもの活動や遊びなどの様子が学級の共同体生活として記述される。ここに記述される内容は、「学級の歴史」、「生徒の身体的成長」、「学級の環境」、「学級の構造」、「学級における教育活動」、「学級の成果」である。たとえば「学級における教育活動」欄には、学級全体にあった問題点や対立点、学級あるいはその一部に対する指導が成功したか否か、学級目標や学級でのルールに関することなどを記入する。また「学級の成果」では、レーアプランにある学習内容を習得したか否か、授業でのグループの学校選択や職業選択に対する意義、学級全体、グループ、個人作業のそれぞれにおける成果、

授業形態や授業方法が適切であったか否かなどについて記入することになっている[32]。この学級記述式評価の取り組みもまた、子どもの能力を値踏みする評価ではなく、「教育評価」としての取り組み、つまり教師の指導の適切さを問い直す行為としての評価だとみなすことができるだろう[33]。このように、戦間期の評価改革と共同体形成の取り組みの複合が、戦後においても具体的実践として見られたことを戦間期からの影響の一つとしてとらえておきたい。

第3項　戦間期と戦後の評価改革の比較──「教育評価」への歩み──

　戦後の記述式評価の方法は、ウィーン教員組合においても、教育省においても、戦間期のウィーンで取り組まれながら実施にはいたらなかった1928年案を土台にすえたものであった。このことは何を意味しているのだろうか。
　シュミットベルガー（Gustav Schmidberger）は、1947年に次のように述べている。記述式評価は、「成長していく人間を全体的に把握しようとするときにのみ成立する」。その際、自由記述を補完するための共通質問項目を制限し、心理学のカテゴリーや概念によらず、教育学的に本質的な問いでなければならない。なぜなら、「評価者は心理学者ではなく、教育者であり、実践家である」（傍点引用者）からである[34]。同様に、教育省側のラングも、「（これまでにあったような──引用者注）なまかじりの心理学や特定の心理学派に対して闘い」、学校教育のための「専門的な記述式評価」の必要性を説いている[35]。すなわち、1928年案にあった、評価は教員によるものであるという認識が、戦後になってようやく教育現場でも、また教育省においても確立されたのである。
　このことから、戦間期と戦後の評価の相違については次のように考えることができるだろう。すなわち、戦間期における評価は、共通質問項目か自由記述式かという、方法上の枠組みの問題であった。その背景には、能力を要素としてとらえるのか、あるいは一人の人間の中に生成するものとしてとらえるのかという能力観の相違があった。それに対して、戦後の評価は、戦間期の労作教育を反映した1928年の自由記述式を土台にした。このことは、戦間期に取り組まれた労作教育が一定の市民権を獲得し、教員組合においても、教育省においても労作教育による授業が自明になったことを意味しているだろう。つまり、

自由記述式の方法が、労作教育の実践に対する評価の方法として適しているという戦間期の成果に立ち、戦後、記述式評価については、その形式以上に、「教育評価」の問題として立ち上げられたのではないかと筆者は考える。ここでいう「教育評価」とは、教育そのものを評価する営みを意味している。1947年案で示された、教員自身の「教育活動を振り返るため」の評価という位置づけは、もはや単なる子どもを評価する方法という問題を超えて「教育評価」への取り組みと考えられるだろう。

　本章では、戦間期の学校改革が、戦後にも大きな影響を及ぼしていた一つの事実を明らかにした。戦後の改革は、自由記述式評価という形式の継承というだけでなく、「教育評価」を目指したことにあらわれているように、評価改革を含む戦間期の学校改革を土台にし、その上に新たな理論的枠組みを構築する作業にもつながっていた。戦間期オーストリアの学校改革と第2次世界大戦後のオーストリアの教育はどのような連続性を持っているのかという課題を、本章では評価改革を事例に考察した。少なくとも、戦後、記述式評価に関しては、戦間期のものを土台にしながら改良がなされた。改良とは、自由記述式という形式だけを意味するのではなく、評価そのものに対する認識が変容したことも含まれている。次章では、この評価改革を含め、戦間期の学校改革がもたらした戦後への影響をどのようにとらえるかについて検討を行いたい。

【注】

1　Luts Wittenberg, *Geschichte der Individualpsychologischen Versuchsschule in Wien*, WUV Universitätsverlag Wien, 2002.
2　Achs（Hrg.）, *Schule damals und Schule heute*, S.37.
3　Richard Olechowski, Die Pädagogik der Glöckelschen Schulreform und ihre Bedeutung für die neunziger Jahr, *Die Schulreform geht weiter*, J&V Wien, 1985, S.145.
4　Theodor Steiskal, Zeitgemäße Beurteilung der Schulkinder und ihrer Leistung, *Volkserziehung Pädagogischer Teil*, 1921, S.95.
5　Ausführungen des Unterstaatssekretärs für Unterricht Otto Glöckel über den Stand der Schulreform in der Sitzung des Ausschusses für Erziehung und Unterricht am 23. Juli 1919., S.3.（以下、Ausführungen,1919 Juliと記す。）
6　Anleitung zur Führung der Schülerbeschreibung., *Volkserziehung Pädagogischer Teil*, 1922, S.302.（以下、Anleitung, 1922と記す）
7　1919年の段階で、評点の段階は従来の5段階から4段階に減らされた。

8　Erlaß des Unterstaatssekretärs für Unterricht vom 14.Mai 1919, Z.9616, Volkserziehung Amtlicher Teil., 1919, S.98.
9　Ausführungen,1919 Juli, S.2.
10　Oskar Spiel und Hans Zeman, *Der Wiener Erziehungsbogen*, Jugend & Volk, 1952, S.5.
11　Ausführungen, 1919 Juli, S.2-3.
12　Anleitung, 1922, S.307-320から引用者抜粋。
13　Gustav Schmidberger, Die Shülerbeschreibung, *Erziehung und Unterricht*, 1947, S.146.
14　Spiel und Zeman, *Der Wiener Erziehungsbogen*, S.5.
15　Ebenda.
16　Ebenda. oder Schmidberger, Die Schülerbeschreibung, S.147.
17　Leitsätze zu den Themen der Wiener Lehrerkonferenzen 1928., *Schulreform*, 1928, S.299-300.（以下 Leitsätze, 1928と記す。）
18　Leitsätze, 1928, S.300.
19　Anleitung, 1922, S.302.
20　Steiskal, Zeitgemäße Beurteilung der Schulkinder und ihrer Leistung, S.96-97.
21　Hermann Schnell, *Bildungspolitik in der Zweiten Republik*, Europaverlag Wien Zürich, 1993, S.103.
22　Schmidberger, Die Schülerbeschreibung, 1947, S.149.
23　Ebenda, S.148.
24　Leitsätze, 1928, S.300.
25　Spiel und Zeman, *Der Wiener Erziehungsbogen*, 1952, S.6 oder Stephanie Fadrus, Der Schülerbeschreibungsbogen und der Klassenbeschreibungsbogen, Entwicklung und Probleme seit 1945, *Erziehung und Unterricht*, 1962, S.540.
26　S.Fadrus, Der Schülerbeschreibungsbogen und der Klassenbeschreibungsbogen, Entwicklung und Probleme seit 1945, S.541.
27　Ludwig Lang, *Neue Wege zur Schülererkenntnis*, 1950, Österreichischer Bundesverlag Wien, S.249.
28　教育省の案を試験的に使用し、その可否を投票した結果、461票中372票の可票があった。Spiel und Zeman, *Der Wiener Erziehungsbogen*, 1952, S.7.
29　S.Fadrus, Der Schülerbeschreibungsbogen und der Klassenbeschreibungsbogen, Entwicklung und Probleme seit 1945, S.542.
30　Ebenda, S.544.
31　Schnell, *Bildungspolitik in der Zweiten Republik*, S.103.
32　VA63, Klassenbogen, Österr. Bundesverlag.
33　ただし、この学級評価を含む記述式評価は、1970年代に、父母同盟から子どもに対する手配書のようなものだという批判を受け、廃止された。教師もそれに伴う面倒な仕事をしなくてもすむという理由から、この廃止を受け入れた（Schnell, *Bildungspolitik in der Zweiten Republik*, S.104）。
34　Schmidberger, Die Shülerbeschreibung, 1947, S.152. さらに彼は、この点、未だオーストリアでは解決されていない問題であるとした上で、次の三点を課題として指摘している。①教員養成および現職教育において教育評価を重要な課題として取り上げること、②教師用の手引きの発行、③学校実践と教師の平均的な能力を考慮に入れた記述式評価用紙の作成の三点である（Ebenda, S.151）。
35　Lang, *Neue Wege zur Schülererkenntnis*, 1950, S.249.

第7章　オーストリアにおける学校改革の「伝統」
―「陶冶学校」に焦点をあてて―

　第2次世界大戦後、オーストリアは再び国家を復興する課題に取り組まなければならなかった。もちろん、教育改革はその中でも重要な課題で、ドイツ同様に4カ国統治の中、非ナチ化に迅速かつ徹底的に取り組むことになったのである。本章では、第2次世界大戦後のオーストリアの教育改革を、1920年代の労作教育の影響という視点から考察する。またそれによって、戦後の教育改革から戦間期オーストリアの労作教育を見直す作業も行う。

第1節　レーアプランの継承
―1920年代の労作教育の影響―

　1945年9月3日、戦後初の新しいレーアプランが公示された。このレーアプランは、1930年のレーアプランを引き継ぐものであった。その1930年のレーアプランは、第1章で考察した1920年のレーアプランを基礎にしている[1]。1930年のレーアプランでは、郷土化、合科教授、自己活動(労作)という1920年の三つの原則に、「生徒の特性と発達段階への考慮(Die Rücksicht auf die Eigenart der Schüler und auf ihre Entwicklungsstufe)」が第4番目の原則として加えられた。この原則は、1920年のレーアプランの解説等にはすでに明記されていたのだが、それを原則に昇格させたと考えられる[2]。そして、その1930年のレーアプランが1945年にそのまま使用された。また、原則だけでなく、その解説文も全く同じものだったのである。

表11 戦間期および戦後のレーアプランの原則の変遷

1920年	1930年	1945年
①教授の郷土化 ②合科教授 ③自己活動 ＊1926年からは〈労作の原則〉が③に付加される	①教授の郷土科 ②合科教授と教科の関係 ③生徒の自己活動（労作の原則） ④生徒の特性と発達段階への考慮	①教授の郷土科 ②合科教授と教科の関係 ③生徒の自己活動（労作の原則） ④生徒の特性と発達段階への考慮 ＊1930年と解説文も同様

（各年代のレーアプランをもとに筆者作成）

　新しいレーアプランが依拠した1930年のレーアプランは、第1章で考察したレーアプランが基礎になっているので、戦後のレーアプランは1920年代の学校改革に基づくものだったといえる[3]。つまり、戦後のカリキュラムは、戦間期オーストリアにおける労作学校への改革の方針をそのまま引き継いだように見えるのである。

　戦後のオーストリアの教育は、「第一共和国のグレッケルのウィーンにおける学校改革の大きな理念に再びつなげること」[4]とされ、学校教育は「労作学校」および「共同体学校」となることが目指された。そして、1930年のレーアプランの四つの原則は全会一致で戦後のレーアプランに取り入れられた[5]。このようにして、戦後のオーストリアの教育は戦間期の労作教育に大きく影響を受けて始まることになった。

第2節　「復古」か「改革」か？

第1項　エンゲルブレヒトとシュネルの論争

　戦後直後のオーストリアの教育に、戦間期の改革が直接的な影響を与えたことに対しては、現在、二つの見方が存在する。すなわち、戦後のレーアプランの理論的根拠を戦間期の労作教育に求めたことが、戦間期への「復古」であるのか、あるいはそれを踏まえた上で乗り越えようとした「改革」であるのかという見方である。この二つの見方は、エンゲルブレヒトとシュネル（Hermann Schnell, 1914-2003）の間でなされた論争に顕著に現れている。

　この論争は、1994年に教育誌『Erziehung und Unterricht』誌上で行われた。90

年代も半ばにこのような論争が起こった理由には、オーストリアの教育史研究が、1980年代になってようやく本格的に取り組まれたということがある。そのオーストリア教育史を1988年に5巻本として完成させたのが、論争を提起したエンゲルブレヒトである。

　論争は、まずエンゲルブレヒトが、シュネルの著作『第二共和国における教育政策』(1993年)に対して、戦後のオーストリアは、敗戦と4カ国による占領によって国全体が疲弊し、教育の分野においても、理論的考察や改革教育学的な目標設定などがほとんど省みられなかった状況にあったとしたことに始まる。それは新しい教育を追求することによって、戦間期の保守対革新の争いをあらためて煽ることになることが恐れられたからだという。このようなことから、エンゲルブレヒトは、戦後のオーストリアの教育は、戦間期の学校改革を妥協して受け入れたものに他ならないと判断した[6]。この点について、彼はすでに自身の1988年の著作の中で、「1934年以前のレーアプランに立ち戻ることは、困難なことでもあった。なぜなら、学問、教授学、方法論における前進を考慮することができないからである」[7]と述べ、1945年9月3日に出されたレーアプランを「義務教育段階の学校の後退」[8]とする見解を示していた。

　対して、シュネルはこれに猛反発する。彼はエンゲルブレヒトと政治的立場の異なる社会民主党員の元ウィーン教育庁長である。ウィーン教育庁は、先の章でも述べたように、グレッケルが改革の拠点としたところであり、教員養成や実験学校など、さまざまな取り組みが行われた場所である。

　シュネルは、戦後の混乱の中でも、教育関係者、特にフォルクスシューレを含む義務教育段階の教員たちは「教育への情熱」に燃え、教育実践の新しい道を探究したのだと反論する。その一例として、シュネルは、戦後直後の1946年からほぼ毎年、多くの参加者を集めたウィーン教員会議の開催をあげている(表12)。そして、改革の意義は、政党の立場を超えて、戦後の短い時間の中で周知のこととなり、また授業においても実践されたとした[9]。シュネルは「学校刷新の基本的理念は戦間期のウィーン学校改革時代のもので、1945年のオーストリア共和国再建後に深化、細分化、拡大化された」[10]と主張し、これを「オーストリアにおける教育の『伝統』」と呼んだ。そしてさらに、この「伝統」が周知と

表12　1946年から1959年までのウィーン教員会議のテーマ

1946	新しいオーストリアにおける学校の教育課題	1953	正書法と正書法授業の問題
1947	学校の授業・教育活動の基礎としての生徒観察と生徒記述——記述式評価用紙の提案	1954	生徒の能力の評価（評点）
1948	労作学校・共同体学校・陶冶学校	1955	教育・学習困難の生徒
1949	現代の教育におけるさまざまな活動方法の目的に応じた使い方	1956	陶冶学校における教材とその機能
1950	教育の成果——教師の準備	1957	授業における目的に応じた本の使い方
1951	成果を見せた生徒の活動からより高い教育効果へ	1958	陶冶学校における話し方授業の目的と方法
1952	（学校展覧会のために会議不開催）	1959	陶冶学校における郷土科

（Schnell, *50 Jahre Stadtschulrat für Wien*, S.73-74.）

なることによって、戦間期には対立していた教育者たち、たとえば教育省のラングなどが次々と労作学校の理念に賛同する立場をとるようになったという。

　この論争は、戦後のオーストリアの教育に対する戦間期の学校改革の影響の是非を問うもので、エンゲルブレヒトはそれを「復古」、「妥協」もしくは「受容」、対してシュネルは教員たちが「教育への情熱」を持って取り組んだ「刷新」ないしは「改革」と表現している。以下では、戦後の改革が、戦間期への「復古」であったのか、それとも新しい「改革」であったのかという問いに応える作業を行う。その手がかりとしたいのが、これまでに考察してきた戦間期の労作教育論である。その前に、戦後オーストリアの教育に対する別の見方を押えておきたい。

第2項　政治的対立を超えた見方——オレヒョフスキー——

　エンゲルブレヒトとシュネルの論争は、オーストリアにおいて教育の問題について論じられる際の保革の対立を象徴的にあらわしている。これが、戦間期からオーストリアにおいて統一学校の是非をめぐる教育制度に見られる対立であることはすでに論じてきたとおりである。

　次に取り上げるオレヒョフスキーは、この対立とは別の視点で戦間期の学校改革および戦後のオーストリアの教育の動向に対する見解を示している。彼は

まず戦間期の学校改革の意義を次のように分析している。

オレヒョフスキーは、戦間期の学校改革を現代において評価するとき、かつてのように政党間の対立の視点で評価してはならないと述べる。すなわち「政治的目的や内容に同一化できようができまいが、それはどうでもよいことだ」という[11]。つまり、オレヒョフスキーは戦間期の学校改革を、政党を超えた視点で眺めるとき、確かにオーストリアにおける教育実践の発展および学問としての教育学の発展があったとしているのである。

次にオレヒョフスキーは、戦後の改革については、学校法が改正された1962年を境界線とし、それ以前の時代を「第一共和国からの問題の体系化と総括」、そしてそれ以降(から1983年に引用論文が書かれたときまで)の時代を「教育政策の再イデオロギー化の時代」としている[12]。学校法が改正された1962年は、戦後のオーストリアの教育史において保革による妥協案として、中等教育段階以降の改革が位置づけられた年である。これは、戦後のオーストリア教育史全体を見渡す際には考慮しなければならない転機であるが、本研究の対象である初等教育においてはあまり影響のないものとして考えてよい。

オレヒョフスキーは、エンゲルブレヒトのように戦間期の影響を「妥協」だとみなしているわけではないが、シュネルのように戦間期の学校改革の理念が戦後において「深化、細分化、拡大化」したとしているのでもない。彼は、それを「体系化と総括」だとしたのである。

第3節　「陶冶学校」の登場

上述のように、戦間期の影響が直接的にカリキュラムに見られる戦後オーストリアの教育実践がどのようなものであったかを調べていくと、戦後の教育資料、教育雑誌には、戦間期には見られなかった新しいことば「陶冶学校(Bildungsschule)」[13]が散見されるようになる。

例えば、表12にあげた1946年から再開されたウィーン教員会議のテーマを見れば、陶冶学校ということばがくり返し出てきており、戦後のオーストリアの教育においておよそ10年の間取り組まれた課題であったことがわかる。

では、どのような流れで、このことばが戦後のオーストリアの教育に登場したのだろうか。

戦後オーストリアの教育復興に対しては、教育省とウィーンの二つの流れがあった。このことは、第6章の戦後における評価改革でも見られたことである。教育省がまず地方の教育改革に着手する一方で、ウィーンでは戦間期の改革に従事した研究者や教員たちが独自に教育を復興させようとしていたのである。

シュネルによれば、陶冶学校以外にも、戦後のオーストリアでは、教育復興の精神的な土台作りの努力がなされていた。例えば、シュピール（Oskar Spiel）は、労作共同体の原理を公民教育に適用し、公民科（Staatsbürgerkunde）を構想した。これはその後、政治教育として位置づけられた。あるいは、ガスナー（Heinrich Gassner）は、労作共同体を教師教育や成人教育にも適用すべきだという考えを示した。また、ラング（Ludwig Lang）は、家族教育や宗教教育に高い価値を置いた教育計画を発表した。レール（Josef Lehrl）は、統一学校を否定し、エリート育成に近い能力学校を主張した[14]。このような動きの中の一つが陶冶学校であった。

戦後、ウィーン教育庁は、グレッケルの学校改革における目標設定と教授学的原則を結び付けようと意識的に取り組んでいた。つまり、労作学校と共同体学校の理念にたちながら、「探究、問題認識および問題解決における生徒の知的な活動、批判的判断能力の育成そして学校生活の共同体において民主主義への教育と密接に関連した中で表現する能力」を育成することを目的とし、それに基づいた学校づくり（陶冶学校）を目指したのである[15]。

この取り組みは、ウィーン教育庁がイニシアチブをとっていたことはいうまでもないが、他方で、ウィーン教員組合もまた改革への討論を積極的に行い、教育庁と議論を重ねる共同作業を開始した。それだけでなく、義務教育段階の教員がすべて参加する区教員会議、ハウプトシューレ教員会議、ゾンダーシューレ教員会議からの代表が討論に加わり、さらに社会党系教員組合やカトリック系教員組合、共産党系教員組合なども参加するようになったのである。

このような戦後オーストリアの教育改革に対する要求の高まりを背景に、1947/48年度のウィーン教員会議では、ウィーンの学校刷新のための中心原理

を陶冶学校とすることが決定された。そして、陶冶学校の教育目的を「調和のある人格の育成」とし、それを「知的で、道徳的な態度を持ち、行動ができること」と規定した[16]。

第4節 「陶冶学校」とは何か

ここまで、ほとんど断りなく使用してきた陶冶学校とはいったい何なのか。戦間期の労作教育とつながりがあるということはくり返し述べてきたが、ここではもう少し詳細に検討してみたい。

第1項 陶冶学校の定義

戦間期からオーストリアの学校改革に関わり、戦後、ウィーンの教育庁長に就任したシュネルは、陶冶学校を、「労作学校と共同体学校の統合を表現したもの」[17]とする。また、シュネルと同時期にウィーンにおいて教育復興に努めたフルトミュラーは、労作学校、共同体学校、陶冶学校を、「すべてかつての学習学校に対置されるが、三つの異なるプログラムではなく、同じ教育的立場に由来する三つの異なる示し方」であるとした。「同じ教育的立場」というのが、労作教育を指していることは、彼の次のことばからわかる。「学校刷新のための特徴的な方法に基づくのではなく、特徴的な教育目的に基づいて示されれば、労作学校と共同体学校という名称の代わりに陶冶学校と明言することができる」[18]。現代においても、アックスが、「(戦後の)学校は、労作教育、共同体教育、そして生徒の人格の考慮を原則とした陶冶学校である」[19]としている。以上、三者による陶冶学校の定義からは、少なくとも、このことばが労作教育（と労作共同体）を基底に登場したものであることが分かる。

以上のように、戦後、陶冶学校ということばが登場し、それが「労作学校と共同体学校の統合」とされたことの背景には、これまで検討してきた1920年代の取り組みがあることは明らかである。ただし、戦後、社会民主党が伝統的に優勢であるウィーンにおいて、戦間期の影響が見られたこと、また本書でもたびたび引用してきたシュネルやフルトミュラーなど、戦間期から関係した人物

が教育政策を決定する場に多く復帰した理由として、占領国の一つであったアメリカ合衆国が提示した教育プログラムの目的と、戦間期の学校改革を牽引してきた社会民主党の教育政策がほぼ一致していたことには触れておく[20]。

では、次に、戦間期の労作共同体を含めた労作学校と、戦後の陶冶学校の違いはどこにあるのか、ということについて考えていきたい。

第2項　陶冶学校とは何か

先に陶冶学校の定義のところで取り上げたフルトミュラーは、教育改革を次のように考えていた。「学校を根本的に変えようとすること、あるいはそのための努力は、純粋な教育学的問題ではない。それは常に、学校の変容を必要とする社会構造の本質的な変容である」[21]。つまり、教育の改革とは、社会が必要とする変容を体現したものなのである。

教育改革をこのように捉えるとき、彼は、教育改革には、「どのように（Wie）」（方法）、「だれを（Wen）」（対象）、「何のために（Wozu）」（目的）、「何を（Was）」（内容）の4つの領域の変容が必要だということを、教員会議での講演のために準備したタイプライター打ちのマニュスクリプトの中でまとめている。これは、教員に向けた講演のための準備資料で、タイトルは、表12にあげた教員会議の1948年のテーマ「労作学校・労作共同体学校・陶冶学校」に合致しており、その講演内容の記録と考えられる[22]。

以下では、この資料に示された4つの領域を見ることで、陶冶学校の特徴を検討していきたい。

① 方　法

まず、教育改革を「どのように」行っていくかという方法については、陶冶学校の定義で検討してきたように、労作教育が選択された。労作教育が陶冶学校の方法として戦後に継承された理由を、シュネルは次のように述べている。訓練学校や学習学校の方法に対して、労作の原則、共同体の原則が一般的になり、レーアプランの原則に対しても、また労作教育および労作共同体のやり方に対しても、現場としての受け入れに問題はなかった。戦間期の労作教育の実践は、教育現場の「意識の変革」を戦後にもたらしていたのである[23]。

フルトミュラーは、陶冶学校の方法として労作教育を採用するのは、活動を重視することによって、現在の生活の課題を克服するためだと述べている。その解決策を戦間期の労作教育に求めたのは、「(戦間期の——引用者注)方法の刷新は、純粋な教育学的意義を超えて、すべての社会階級の子どもたちが授業において本当に同じ条件のもとにおかれるという社会的な意義を持っていた」からだという。ただし、戦間期の労作教育は、フルトミュラーにとっては「限りなく陶冶学校の理念に近い」ものではあったが、「本当の陶冶学校と呼べるものはわずかしかなかった」[24]としている。

② 対象と内容

　次に、陶冶学校が「だれを」対象にしたものか。それは、陶冶学校の理念の下に「何を」教えるか、という教育内容とも深く関わっている。

　教育改革がだれを対象にしたものであるのかは、フルトミュラーのいう社会構造の本質的な変容に密接に関わる視点である。戦間期オーストリアの学校改革は、深刻な社会問題であった労働者の子どもたちの劣悪な生活環境を改善するために取り組まれた。彼らにも等しく教育機会を与えるための義務教育の単線化(統一学校改革)と労作教育による教育内容と方法の抜本的な改革が目指された。陶冶学校の理念でも、これは変わっていない。その上で、陶冶学校では、その労作教育を、百科全書的で古い学習学校のやり方に拘泥し続けている中等教育段階にも導入するべきだと強調したところに、戦間期とは異なる点がある[25]。戦間期には、すべての子どもに教育を、としながらもやはり労働者階級の子どもたちへの教育保障がまず克服されるべき課題であった。しかし戦後、労作教育の対象は、労働者階級の子どもたち(もちろん、彼らも含めて)から、進学する子どもたちへも向けられるようになったのである。

　次に「何を」という教育内容に関しては、労作教育における「生活に接近する」という郷土化の原則に依拠しながら、「表面的な日常の興味に終始することなく、発達段階に応じた現代の精神的あるいは社会的問題への関与を取り扱う」[26]ような教育内容のとらえなおしを行わなければならないとした。すなわち、活動主義に終始し、必要な知識を獲得できないと批判された労作教育に対して、陶冶学校は、生活に接近した教材と同様に、書物(学問)にも接近できる

内容(文化的内容)も労作教育によって学校が保障することで、生活と学問という対立する二つの内容を統一することが強調されているのである。

③ 目　的

すでに述べたように、1947/48年度のウィーン教員会議の際に、ウィーンの学校刷新のための中心原理は陶冶学校と決定された。そのときに、陶冶学校の目的を「調和のある人格の育成」とし、それは「知的で、道徳的な態度を持ち、行動ができること」と規定された[27]。ここでは、なぜこの教育目的にいたったのかということを論じたい。それは、陶冶学校の対象と内容を中等教育段階へと拡大していくことに深く関係しているのである。

フルトミュラーは、社会階層の中にある「教養あるもの」と「教養ないもの」の対立の克服は、「精神」と「手工」の対立の克服でもあると捉えている。そして、この対立を緩和させ、最終的には解消するということが、全国民にとって新しい包括的な教育の理想となるという。そのために、義務教育の終わりが一般教育の終わりではなく、成人教育においても、これらの対立の克服への努力がなされる必要があるとしている[28]。

彼のこの考え方の背景には、明らかにブルガーの労作教育論の影響が見て取れる。ブルガーは、労作教育の目的を「人間陶冶」(Menschensbildung)としたことから、労作を「精神的・身体的活動」とし、それによる教育は、初等教育から高等教育を通して普遍の方法であるとした[29]。ただし、ブルガーには、「教養あるもの」と「教養ないもの」、あるいは「手工」と「精神」の対立の克服という視点は希薄であったように思われる。彼は、自己活動の形成という点において、労作教育が有効であるという主張をしていたために、対立の克服によって、社会の変容をもたらすことまでは言及していない。

陶冶学校を中等教育段階に拡大することで、「手工」と「精神」の対立を克服するという点については、ツェヒナー(Leopold Zechner)が、マトゥーラ(Matura, 後期中等教育修了資格)において、単なる知識や技術だけではなく、精神的成熟や社会的、道徳的な成熟が評価されれば、陶冶学校はほぼ達成されるだろうと、その具体案を述べている[30]。ただし、この考えにフルトミュラーが同意していたかどうかは不明である。引用したツェヒナーの論文は、フルトミュラーが死

去した年に書かれたものだからである。

そして、フルトミュラーは最終的に、「陶冶学校の概念の主要な意義は、グループに応じた「教育」の課題ではなく、すべての学校種および学校段階に共通に統一的な教育に基づいた理念の課題なのだ」[31]とした。

本章において述べたことを簡単にまとめておきたい。陶冶学校の理念は、中等教育段階の子どもたちにとっても、これまで軽視されてきた生活に接近した教育方法と教育内容が見直されるということ以上の意味を持っていると考えられる。つまり、陶冶学校の理念においては、その方法である労作教育が、学校段階を超えて導入されるべきだとされた。中等教育段階に労作教育の方法と内容を拡大していくということは、初等教育との乖離を教育方法と教育内容の側面からも埋めることを意味する。それは、陶冶学校が、統一学校への制度改革を、労作教育という教育方法と教育内容によっても実現していこうとする学校改革の理念であることを示していると考えられる。

ただし、実際には、陶冶学校が中等教育段階全体に大きな広がりを見せることはなく、理念の段階にとどまっていたことは記しておかなければならない。一部、中等教育での実践記録が残っているが[32]、陶冶学校の理念を幾度も掲載した教育雑誌においても、実践報告の類は非常に限られている。また、陶冶学校の理念は、戦間期の労作教育の目指したところでもあった、義務教育の単線化(統一学校)への改革の契機を含むものではあったが、周知のとおり、オーストリアでは現在でも、ドイツと同様に、教育制度改革は遅々として進んでいない。

第5節　「陶冶学校」から見る戦間期オーストリアの学校改革の意義

本章のまとめに代えて、冒頭で提示したように、戦間期オーストリアの学校改革の影響が戦後オーストリアにおいて見られることを「復古」とみなすのか、あるいはまた「改革」とみなすのか、という問いへの応答を試みたい。

冒頭で述べたとおり、戦後のレーアプランは戦間期のものを引き写したものであった。その上で、この事実の背景においては、陶冶学校という新たな理論

的枠組みが構築されていたことを指摘した。その陶冶学校の登場の経緯は、確かに「後退」ではなく、労作教育の理論と実践という「伝統」の上に、新しい教育の創出を意図した過程であった。したがって、エンゲルブレヒトが、政党間の対立を回避するための「妥協」であったとした点については、戦間期の労作教育論が、戦後において党派を超えた改革の成果として受容されただけでなく、陶冶学校として中等教育に押し広げようとしたことから、「妥協」ではないものとして受け止めたい。

シュネルが「オーストリアの教育の『伝統』」と呼んだものは、本書で考察を重ねてきた戦間期の労作教育論およびその実践であった。そして彼がこの「伝統」が「細分化、深化、拡大」したと主張したのは、戦間期オーストリアの労作教育が陶冶学校という新しいかたちを獲得したことを意味していた。加えて、戦間期の記述式評価を形式として導入し、またそれをふまえて「教育評価」という新たな視点を評価に位置づけたこと、労作共同体の取り組みを土台に学級記述式評価を導入したことなど、戦後オーストリアの教育の動きには、労作教育に依拠しながらそれぞれに新たな展開が見られた。

ここに、「後退」だとしたエンゲルブレヒトへの反論を見いだすことができよう。彼は戦後オーストリアが敗戦の中で疲弊し、学校や教員、研究者にも、改革教育学の目的を達成しようとするような動き、あるいは学問としての教育学を発展させようとする動きは皆無であったとした。このエンゲルブレヒトの見解に対しては、陶冶学校という理念の形成において、戦間期オーストリアの学校改革を乗り越えようとする教育学的取り組みが見られたとしたい。

以上のように、中等教育段階へと労作教育の方法を拡大する方向性を見いだしていたことにおいて、また具体的な改革の事実として、記述式評価をめぐる動きの中に、「教育評価」への理論的変容が見られたことなどにおいて、陶冶学校の意義を認めたい。戦間期オーストリアにおける「伝統」は陶冶学校として確かに受け継がれており、戦間期になしえなかった教育制度を含んだ「改革」となりうる可能性を包含していたといえるだろう。

ただし、既述のとおり、その前進が理念の段階にとどまり、いまだオーストリアにおいては分岐制の教育制度を保持していることは事実として残された。

第5節 「陶冶学校」から見る戦間期オーストリアの学校改革の意義　151

したがって、この点においては、陶冶学校を「第一共和国からの問題の体系化と総括」としてみなければならない。陶冶学校によって労作教育は受容される土壌を得た一方で、教育制度をめぐる問題を再度顕在化させたにとどまったからである。

　陶冶学校は、戦間期の労作教育の展開を背景に持ったものであった。それは、戦間期の労作教育が「内なる改革」として初等教育段階に定着したことに由来する。先述のように、オレヒョフスキーは、戦間期の学校改革の成果は政治的目的や内容に同一化できなくても評価すべきだという見解を示した。しかしながら、この見解では、なぜ労作教育が戦後においても必要とされたのかという疑問には応えられないのではないか。労作教育は、学校教育から隔絶されたところにいた労働者階級の子どもたちに、主知主義ではなく、活動を学習の中心におくことによって、彼らの生活に密着したところでの学習を保障するものであった。これは、すべての子どもたちに教育を保障するという戦間期オーストリアにおける学校改革の理念を、方法および内容の側面から支えるものであったといえよう。この時の労作教育は、単に主知主義による授業からの脱却としての教育の技術改革だけではなく、教育の保障という国家の成立と不可分の関係にあった。戦後、中等教育段階に労作教育による教育を拡大しようとした陶冶学校は、それを継承したものであった。つまり、すべての子どもたちに教育を保障する教育方法として、戦間期オーストリアの労作教育は戦後においても選択されたのである。

　労作教育から陶冶学校にいたる歴史をたどると、オーストリアは、すべての子どもたち、すべての学校階梯において教育機会の均等と学力の保障のために、労作教育という歴史的に蓄積のある方法を展開させるやり方で、二度、学校改革を構想したということが明らかになった。この点は、シュネルのいう「オーストリアの教育の『伝統』」、それは刷新の契機を含みつつの「伝統」であったことを認めないわけにはいかない。

【注】

1 Viktor Fadrus, Zur Theorie und Praxis der Lehrpläne Für allgemeine Volksschule in Österreich, *Lehrpläne für die ALLGEMEINEN VOLKSSCHULE*, 1947, S.I.
2 さらに1920年の原則と異なるものに、合科教授の原則が、「合科教授と教科の関係」となっていることがある。これは、オーストリアの合科教授が、第3学年までを厳密な合科とし、第4学年は分科を前提とした合科教授の形態をとるという、いわゆる「ゆるい合科教授」であることが、厳密には1926年の改訂を境に決定付けられたからだと考えられる。
3 Viktor Fadrus, Zur Theorie und Praxis der Lehrpläne Für allgemeine Volksschule in Österreich, *Lehrpläne für die ALLGEMEINEN VOLKSSCHULE*, 1947, S.I.
4 Achs(Hrg.), *Schule damals und Schule heute*, S.52.
5 Schnell, *Bildungspolitik in der Zweiten Republik*, S.96.
6 Helmut Engelbrecht, Kritische Bemerkungen zur Entwicklung des österreichischen Bildungssystems von 1945 bis Anfang der sechziger Jahre, *Erziehung und Unterricht*, 1994, S.209-210.
7 Engelbrecht, *Geschichte des österreichischen Bildungswesens 5*, S.402.
8 Ebenda, S.418.
9 Hermann Schnell, Reformpädagogik, Bildungspolitik und Restauration der österreichischen Schule am Beginn der Zweiten Republik, *Erziehung und Unterricht*, 1994, S.215-216. ただし、シュネルも教育政策においては政党間の対立が障害となり、それは後々までも大きな困難として残されたと述べている。
10 Hermann Schnell, *Die österreichische Schule im Umbruch*, J&V Wien, 1974, S.29.
11 Richard Olechowski, Optimismus in der Pädagogik, *Erziehung und Unterricht*, 1994, S.364
12 Richard Olechowski, Schul-und Bildungspolitik während der Ersten und der Zweiten Republik, Erich Zöllner(Hrg.) *Österreichs Erste und Zweite Republik*, Österreichischer Bundesverlag, 1985, S.112.
13 ただし、陶冶学校という言葉自体は新しいものではない。例えば、ケルシェンシュタイナーも実業補習学校の改革において、職業教育と人間陶冶を結びつけるという意味での「陶冶学校」を目指していた(山崎高哉『ケルシェンシュタイナー教育学の特質と意義』玉川大学出版部、1993年、pp.354-368)。しかしながら、本章で検討する陶冶学校ということばは、中等教育機関における労作教育の拡大の意味で使用されており、ケルシェンシュタイナーのものとはその概念規定が異なると考えられる。
14 Schnell, *Bildungspolitik in der Zweiten Republik*, S.32-33.
15 Schnell, *Bildungspolitik in der Zweiten Republik*, S.100.
16 Ebenda, S. 101.
17 Ebenda, S. 101.
18 Carl Furtmüller, Arbeitsschule-Gemeinschaftsschule-Bildungsschule, *Erziehung und Unterricht*, 1947, S.627.
19 Achs, *Schule damals Schule heute*, S.52.
20 Schnell, *Bildungspolitik in der Zweiten Republik*, S. 39.
21 Furtmüller, Arbeitsschule-Gemeinschaftsschule-Bildungsschule, S.621.
22 Carl Furtmüller, Arbeitsschule-Gemeinschaftsschule-Bildungsschule(Manuskript), Bezirkslehlerkonferenz, 1948, S.1.
23 Schnell, *Bildungspolitik in der Zweiten Republik*, S. 96.

24　Furtmüller, Arbeitsschule-Gemeinschaftschule-Bildungsschule, S.625-626.
25　Hans Fischl, *Schulreform Demokratie und Österreich 1918-1950*, Verlag Jungbrunnen, 1950, S.154.
26　Furtmüller, Arbeitsschule-Gemeinschaftsschule-Bildungsschule (Manuskript), S.2.
27　Schnell, *Bildungspolitik in der Zweiten Republik*, S.101.
28　Carl Furtmüller, Bildungsgendanke und Schulgestaltung, *Schule und Erziehung, Österreichischer Bundesverlag*, Verlag für Jugend und Volk, 1951, S.15.
29　Eduard Burger, *Arbeitspädagogik Gechichte-Kritik-Wegweisung*, Wilhelm Engelmann Leipzig Berlin, 1914, S.569.
30　Leopold Zechner, Bildung und Bildungsschule, *Schule und Erziehung*, Österreichischer Bundesverlag, Verlag für Jugend und Volk, 1951, S.12.
31　Furtmüller, Bildungsgendanke und Schulgestaltung, S.14.
32　一部ではあるが、中等教育段階でも、陶冶学校の理念によって、古典語、ドイツ語、哲学、歴史、物理、化学、数学などの実践が行われていた (Schnell, *Bildungspolitik in der Zweiten Republik*, S.102)。

終　章

　本書では、戦間期オーストリアの学校改革の「内なる改革」で取り組まれた諸改革の内実およびその背景となった労作教育の理論と実践を、第2次世界大戦後に見られる影響も含めて検討することを主な課題としていた。以下では、本研究の成果として明らかになった点を述べることにしたい。

第1節　本研究の成果

　本研究では、戦間期オーストリアの学校改革とその理論的背景としての労作教育に関して、およそ次の三点を明らかにできたと考える。第一に「内なる改革」の成果、第二にその「内なる改革」の背景となったブルガーの労作教育論の実践的側面、第三に第2次世界大戦後に見られた労作教育の影響と展開である。

第1項　「内なる改革」の成果

　第一の「内なる改革」の成果に関しては、レーアプラン改革および教員養成改革において、いわばハードの側面とソフトの側面からそれを指摘できると考える。

　レーアプラン改革や教員養成改革に見られたように、「内なる改革」が改革の開始直後の短期間のうちに実行されたことを、戦間期オーストリアの学校改革の一つの特徴として指摘できる。それは、グレッケルが学校改革局を設置し、教育の専門家を招聘したことによって可能となった。彼の入省後すぐに発表されたレーアプラン試案はそれを端的にあらわしている。教育省は、250以上の

実験学級での試行後、ただちに教員からのフィードバックを収集し、レーアプランの改善に反映した。このレーアプラン改革と同時並行的に進められた教員養成改革においても、法整備やカリキュラムの提示に始まり、実践を重視したカリキュラムを実現できる受け皿としてのウィーン教育庁附属の教育研究所や附属学校の設置などがいわば「内なる改革」のハード面の成果として考えられる。

次に、本研究では、「内なる改革」の周辺に目を向けることによって、そのソフト面の成果を明らかにすることができた。たとえば、教科書開発や読本の充実化、また、改革の理念や新しい教育方法の情報を迅速に伝えるための教育雑誌の発行および無料配布などがそれに該当する。加えて、グレッケルが常に教員の声を反映した取り組みを行っていたことも、「内なる改革」の質的充実を促すものであったことを指摘したい。それは、自主的に研究に励む教員たちに交通費を支給したり、教科書開発において、懸賞金つき教科書原稿を教員から募集したことなどにあらわれていた。このような取り組みによって、第2章で指摘したように、任意に労作教育による実践を行う教員数が、指定された実験学級を上回る勢いで増加した。グレッケルの改革は、このような教員たちの声に支えられた教員たちによる改革であったということも本研究では指摘しておきたい。

戦間期オーストリアの学校改革の最大の特徴は、労働者階級をはじめとするすべての子どもたちに公教育として提供された点にある。ドイツの新教育期に見られたような、そしてのちに批判の対象になったような、あるカリスマ的な理論家によるものや進歩的な考えを有するブルジョワ階級の子弟にのみ開かれたものではなかった。社会民主党主導によるオーストリアの教育改革の本来的な目的は、階級社会を支える分岐型教育制度の解体であった。しかし、あくまで公的な教育の改革として、すべての子どもたちを対象にした改革は、その実現のために制度改革をいったん横に置きながら、「内なる改革」の普及という道をとったのである。「内なる改革」で見られたカリキュラムや教育環境の充実は、すべての子どもたちに新しい教育内容と方法の保障を実現することによる公教育としての教育改革を実現させた方法であった。

第2項　ブルガーの労作教育論の実践的側面

　戦間期オーストリアの学校改革の理論的背景としてブルガーの労作教育論を検討した結果、本研究では、ブルガーの実践を志向した理論の存在を指摘した。本研究の第二の成果を先に一言にすれば、それは、ブルガーの労作教育論における実践への志向性と学校改革の目指すところが一致していたことを指摘した点にある。それは、ブルガーが学校改革の実践、たとえば教員養成にも労作共同体の実践にも関与していたこと、また、ブルガーの労作教育論自体も学校改革の実践の取り組みの中でさらに展開していたことから明らかになった。このことは、日本でのブルガー評価の再検討を通して、ブルガーの労作教育論の学校改革における実践への関与に以下のように着目することによっても明らかになった。

　日本の先行研究においては、小林澄兄に代表されるように、ガウディヒとブルガーは労作教育の流れにおいて同様のものと分類され、その精神的労作に偏向する点が批判の対象とされてきた。しかしながら、第3章で検討したように、ケルシェンシュタイナーとガウディヒのそれぞれの目的論と比較すると、彼らとは一線を画する労作教育の目的論「人間陶冶」をブルガーが主張していたことが明らかになった。とりわけ、ガウディヒの「人格形成」に対して、それはブルガーの主張する「人間陶冶」の途上にあるもので、教育の最上の目的とはなり得ないと明確に区別された。さらに、ブルガーは、ガウディヒが子どもの自己活動を重視するあまり、教育の方法と目的を混同していると指摘した。そして、子どもの自己活動に任せる労作教育は理論上の産物なのであって、それに基づく実践は、平均的な教師と子どもたちによるものではないと批判した。このようなガウディヒとの実践に対する考え方の相違は、ブルガーが学校改革に従事することによって明確にしえたことであると第3章では指摘した。

　ガウディヒの実践との相違点を手がかりに、第4章では、ブルガーが、普通の教師が普通の子どもたちを相手に日常的に行うことのできる実践を志向していたことを明らかにした。ブルガーが構想した、把握の労作、精神的労作、表現の労作からなる実践的段階には、教師が導入しやすい簡単な活動がそれぞれ提示されていた。この三つの段階に提示された活動は、「図面と地図」など三例

の実践モデルで確認できた。簡単な活動によって授業を構成するブルガーの労作教育の実践理論は、グレッケルがレーアプラン公布の際の文書において、「教師に新たな技術的熟練を求めるような活動ではなく、どの教師にも指導できる簡単なものが提示されるべきだ」とした考えと一致していることは偶然ではない。このことからも、戦間期オーストリアの学校改革が、ブルガーを理論的手がかりの一つとしたとみなすことができる。

　しかしながら、オーストリアの先行研究においても、ブルガーの学校改革への実践的関与について検討しているものはほとんど見られない。ブルガーは他にも、教員養成のコースで労作教育論の講義を担当し、さらには第5章で取り上げた労作共同体の大規模な取り組みの代表として中心的な役割を果たしていた。この記録は、ウィーンの教育実践の集大成とみなされているほどである。

　この労作共同体の取り組みを、第5章では戦間期オーストリアにおける労作教育の「新たな展開」と位置づけた。これもまたブルガーの労作教育論を背景にしている。ブルガーは共同体教育論を、労作教育の実践の中から自然に出てくるものだと述べ、労作教育と共同体教育は別のものではないとした。記録においても、労作教育を実践する中で、教育現場から共同体教育への問題が浮上してきたために、その理論的枠組みおよび問題解決の方策を提示する必要からこの取り組みが始められたとあった。戦間期オーストリアの労作共同体の取り組みは、学年制および学級制を維持した中での取り組みとして、当時ドイツの理論家たちによって行われていた共同体教育とは異なる特徴を持っていた。それは、先に述べたとおり、オーストリアの共同体教育もまた、あくまでも公教育における学校改革のひとつの取り組みであったからである。

　ブルガーの労作教育論を検討することによって、実践的であったと評価されているオーストリアの学校改革の背景を明らかにすることができた。学校改革におけるブルガーの存在は、戦間期オーストリアの学校改革において、とりわけその教育実践の独自性を引き出す上で不可欠なものであったということができる。つまり、カリスマ的な理論家ではなく、また教師の草の根的な運動にのみ依拠するのでもない、ブルガーをはじめとした専門家の存在が、戦間期オーストリアの学校改革を進めたのである。

第3項　第2次世界大戦後に見られる戦間期オーストリアの学校改革の影響

　第5章の労作共同体の取り組みは、第6章の評価改革と時間的にも理論的にも歩みをともにしていた。労作共同体と評価改革は、戦間期オーストリアの学校改革の新たな展開を導くものであり、かつ戦後のオーストリアにおいて大きな影響をもたらしたことに論及したことを、本研究における成果の最後にあげたい。

　第5章の労作共同体の取り組みの具体的事例としてあげた「自己評価」は、1928年の記述式評価においても明確に位置づけられていた。労作共同体における自己評価の取り組みは、1922年の共通質問項目による評価から、1928年の自由記述式による評価への改善と、それに伴う能力観および評価観の変容をもたらした。すなわち、注意力や思考力など、機能としての能力を評価するのではなく、学級の活動や授業に見られる子どもの姿をありのままに記述することになった自由記述式評価によって、教育を子どもが生成する過程と見る能力観や評価観が確立されたのである。

　戦後のオーストリアにおける戦間期学校改革の影響として、まず、この記述式評価の形式の継承をあげた。さらに、それが形式の継承にとどまらず、教師が自らの教育活動を振り返るという評価観の変容があったことも指摘した。戦間期からの直接的な影響として、レーアプランの記述の同一性も指摘したが、それが単なる受容ではなかったことを、「陶冶学校」という戦後オーストリアの教育を象徴する概念の検討から明らかにした。そして第7章では、戦後オーストリアの教育が、戦間期からの「妥協」ではないという結論を示した。「陶冶学校」は、戦間期の労作教育の新しい展開であった労作教育と労作共同体の総体として、戦間期には到達し得なかった中等教育段階にそれを拡大する役割を与えられた名称である。この新しい概念の登場によって、戦後オーストリアの教育が、少なくとも戦間期を乗り越えようとする「改革」を志向していたことは認めることができるだろう。しかしながら、現在もなお中等教育における制度改革は進んでおらず、「陶冶学校」による改革は、理念の段階にとどめられたのである。

　戦後の「陶冶学校」の動向から、改めて戦間期の学校改革の意義を指摘することで、本研究の成果のまとめとしたい。「陶冶学校」が戦後において具体的な改

革に結実しなかったという点から見れば、やはり戦間期オーストリアの学校改革が実行性に優れていたことはもはや疑いがないだろう。フォルクスシューレにその成果が限定されていたとはいえ、政党・宗教の立場を超えたところで、少なくともウィーン全域の公教育において実施された改革の迅速性と広域性は、戦後のそれと比較するまでもない。さらにそれは、労作教育論の展開を導きながら、レーアプラン改革、教員養成改革、労作共同体の取り組みおよび評価改革と同時並行的に実施されていた。これは、戦間期オーストリアで展開された労作教育が、教育技術の範囲にとどまるものではなく、すべての子どもたちに教育を保障するというグレッケルが目指した学校改革を実現する教育方法であったことを意味することに他ならない。

第2節　本研究に残された課題

　最後に、本研究において言及することができなかった課題、あるいは本研究を通して新たに提示された課題として以下の三点を述べることで、結びとしたい。

　本研究は、戦間期オーストリアの学校改革における教育実践に着目し、その内実を労作教育という理論的背景とともに明らかにしようとしてきた。さらに、戦間期の成果を考察するために、現在につなぐ方向で戦間期と戦後の教育との比較を分析視点にすえた。今後の研究においてもこの方向性を維持していきたい。本研究の第7章で検討した「陶冶学校」は、第2次世界大戦後のオーストリアにおける教育動向の一部分にすぎない。したがって、1945年から1950年代にかけてのオーストリアの教育を、中等教育段階の制度および実践の歴史的視点から、再度検討する必要があるだろう。それは、戦後オーストリアがドイツと同様に連合軍の4カ国(英・仏・米・ロ)による占領の時代を過ごしたことと無関係には論じられない[1]。この時代の占領軍の教育政策への関与を日本の戦後新教育と比較することによって、その差異を明らかにすることを含め、第一の課題としたい。

　第二の課題としては、1960年代以降のオーストリアの教育動向についての検

討をあげたい。1962年に教育法の改正が行われた直後から、オーストリアにおいては「教育の爆発」と呼ばれる現象がおき、以降さまざまな改革が見られる。しかしながら、敗戦から国家再建、主権の回復、そして教育法の改正への時代の流れの中で、中等教育段階以降、そして教育(学)全体としての傾向はどのように変容したのか。本研究をオーストリア教育史の第一部とするならば、これら二つの課題は、時代、領域ともに、新たに第二部として取り組まなければならないだろう。その際にはドイツとの比較が必要不可欠な要素となる。1980年代に入るまでは、オーストリアは独自路線を歩んでいたものの、それ以降ドイツの模倣への傾向を見せ始めるようになったといわれているからである。

労作教育論を論じる際にも、また「陶冶学校」の理念を検討する際にも、十分に考察を深めることができなかったのが、現在のオーストリアでも維持され、かつ教育の変わらぬ問題としてある、三分岐制による教育制度である。現在、オーストリアにおいて重要な問題となっているのが、この教育制度に関わる学力低下の問題である。ドイツの後を追うように、2003年のPISAの調査結果によって学力低下が国家問題となったオーストリアでは、その対策として教育スタンダードの試験的導入に踏み切っている。またそれにより、ウィーンでは学力テストも一部実施することによって、テストや評価とは無縁であった「子どもからの教育」を行ってきた教育のあり方が問い直されようとしている[2]。これを見るとき、本研究の成果をよりどころとするならば、労作教育の「伝統」を持つ教育実践が、学力形成においてどのような意義を持ちうるかという点を明らかにすることを第三の課題としたい。

【注】
1 オーストリアに対する占領国の教育政策について、少しだけ触れておきたい。占領国による対オーストリア政策の中で、教育政策への影響は比較的小さなものだったとされている。それは、アメリカ合衆国によるドイツに対する教育政策プログラムが再教育を意味する「Reeducation (Umschulung, Umerziehung)」であったのに対し、オーストリアのそれは新たな方向付けという意味の「Reorientation-Program (Reorientierung)」であったことからも明らかである。

また、占領国は、分岐制による教育制度を維持することについては厳しく批判したものの、戦間期オーストリアの学校改革はファシズムに抵抗していたという見解を持っていたことから、戦後のオーストリアの教育改革に戦間期のものを取り入れることに対しては寛容であったと考

えられる（Schnell, *Bildungspolitik in der Zweiten Republik*, S.36-37）。
2　拙稿「オーストリアの教育スタンダード導入に関する一考察──ドイツ語圏におけるPISAのインパクト──」『教育目標・評価学会紀要』第19号、2009年11月、pp.27-36。

【引用文献・参考文献一覧】

1. オーストリアのレーアプランや政府刊行物など

Lehrplan für das 1.bis 5.Schuljahr der allgemeinen Volksschule. Erlaß des mit der Leitung des Unterrichtsamtes betrauten Unterrichtssekretärs vom 13. August 1920, Z. 16047,1920.

Lehrplan für das 1.bis 5. Schuljahr der allgemeinen Volksschulen Sonderdruck aus "Die Schulreform in Österreich" II. Band von Viktor Fadrus, Deutscher Verlag für Jugend und Volk, Wien, 1926.

Lehrplan für die vierklassige Volksschule, in der jede Klasse einre Schulstufe entspricht, Deutscher Verlag für Jugend und Volk, Wien, 1930.

Lehrpläne für die Allgemeinen Volksschule, Verlag für Jugend und Volk, Wien, 1947.

Lehrplan der Volksschule, öbv & hpt, 2000.

Wilhelm Wolf(Koordination), *Kommentar zum Lehrplan der Volksschule*, ÖVB Pädagogischer Verlag Wien, Verlag Jugend &Volk Wien, 1995.

Wilhelm Wolf(Hg.), *Kommentar zum Lehrplan der Volksschule*, öbv & hpt Wien, 2004.

Erlaß des Unterstaatssekretärs für Unterricht vom 14.Mai 1919, Z.9616, Volkserziehung Amtlicher Teil., 1919, S.98-104.

Ausführungen des Unterstaatssekretärs für Unterricht Otto Glöckel über die nächsten Pläne der Schulverwaltung des Ausschusses für Erziehung und Unterricht am 22. April 1919, Staatsdruckerei, 1919.

Ausführungen des Unterstaatssekretärs für Unterricht ,Otto Glöckel über den Stand der Schulreform in der Sitzung des Ausschusses für Erziehung und Unterricht am 23. Juli 1919., Staatsdruckerei, 1919.

Ausführungen des Unterstaatssekretärs für Unterricht, Otto Glöckel über den Stand der Schulreform des Ausschusses für Erziehung und Unterricht am 15. Juli 1920, Österreichische Staatsdruckerei, 1920.

Anleitung zur Führung der Schülerbeschreibung. Herausgegeben von der Reformabteilung des österreichischen Unterrichtsamtes, Volkserziehung Pädagogischer Teil, 1922, S.295-321.

Leitsätze zu den Themen der Wiener Lehrerkonferenzen 1928., Schulreform, Schulwissenschaftlicher Verlag Hasse Leipzig Wien Prag, 1928, S.299-306.

2. 外国語による論文・書籍

(1) 1945年以前のもの

Ludwig Battista, *Großstadtheimat. Ein Wegweiser für den ersten Heimatkundlichen Unterricht in der Großstadt, mit besonderer Rücksicht auf die Verhältnisse Wiens*, Schulbücherverlag Wien, 1918.

Eduard Burger, *Arbeitspädagogik Geschichte-Kritik-Wegweisung*, Wilhelm Engelmann Leipzig Berlin, 1914.

Eduard Burger, *Arbeitspädagogik Geschichte-Kritik-Wegweisung*, Wilhelm Engelmann Leipzig, 1923.

Eduard Burger, Theodor Steiskal, *Praxis und Theorie der Schulklasse als Arbeits- und Lebensgemeinschaft*, Deutscher Verlag für Jugend und Volk, 1931.

Robert Dottrens, *The New Education in Austria*, The John Day Company, 1930.

Hugo Gaudig, *Freie geistige Schularbeit in Theorie und Praxis*, Breslau, 1922.

Hans Fischl, *Wesen und Werden der Schulreform in Österreich*, Deutscher Verlag für Jugend und Volk, 1929.

Otto Glöckel, *Das Tor der Zukunft*, Verlag des Vereins "Freie Schule" Wien, 1917.

Otto Glöckel, *Die österreichische Schulreform*, Verlag der Wiener Volksbuchhandlung Wien, 1923.

Otto Glöckel, *Drillschule Lernschule Arbeitsschule*, Verlag der Organisation Wien der Sozialdemokratischen Partei Wien, 1928.

Ernst Papanek, *The Austrian School Reform. Its Bases, Principles and Development*, Greenwood Press New York, 1962.

Josef F. Pöschl, Zwei Unterrichtsbeispiele, *Die Quelle*, 1924, S.733-738.

Otto Seeling, *Die Schulreform in Wien*, Wiegandt & Grieben Berlin, 1928.

May Hollis Siegl, *Reform of Elementary Education in Austria*, Submitted in partial fulfillment of Doctor of Philosophy in the Faculty of Education Columbia University New York, 1933.

Theodor Steiskal, Zeitgemäße Beurteilung der Schulkinder und ihrer Leistung, *Volkserziehung Pädagogischer Teil*, 1921, S.95-105.

Theodor Steiskal, *Pädagogische Versuchsarbeit in Österreich Pädagogisch-pschologische Arbeiten Teil I*, Deutscher Verlag für Jugend und Volk Wien und Leipzig,1922.

Zehn Jahre Schulreform in Österreich Eine Festgabe, Wien, 1929.

Die Quelle, Deutscher Verlag Jugend und Volk Wien, 1922-1934.
Die Schulreform, Schulwissenschaftlicher Verlag Wien, 1922-1934.

(2) 1945年以降のもの

Oskar Achs, Albert Krassinigg, *Drillschule Lernschule Arbeitschule Otto Glöckel und die österreichische Schulreform in der ersten Republik*, Verlag Jugend und Volk, Wien München, 1974.

Oskar Achs Hrg., *Otto Glöckel Ausgewählte Schriften und Reden*, Jugend und Volk Wien, 1985.

Oskar Achs und Eva Tesar (Hrg.), *Schule damals—Schule heute—Otto Glöckel und die Schulreform*, Jugend und Volk Wien München, 1985.

Erik Adam, *Die Schul- und Bildungspolitik der östereichischen Sozialdemokratie in der Ersten Republik*, Österreichischer Bundesverlag Wien, 1983.

Erik Adam (Hrg.), *Die österreichische Reformpädagogik 1918-1938*, Böhlau, 1981.

Ludwig Battista, *Die österreichische Volksschule*, Österreichischer Bundesverlag, 1946.

Ludwig Boyer, Plan und Karte im Heimatkundeunterricht, *Erziehung und Unterricht*, 1960, S.289-300.

Ludwig Boyer, *Frohes Lernen Ein Lesebuch für Schulanfänger* (Ludwig Battista (Hrg.), Österreichischer Bundesverlag Wien,1948), ÖBV Pädagogischer Verlag Wien, Reprint 1996.

Ludwig Boyer, *Vom Schulboten zu Erziehung und Unterricht 150 Jahre österreichische pädagogische Zeitschrift*, övb & hpt, 2000.

Helmut Engelbrecht, *Geschichte des österreichischen Bildungswesens Band 5*, Österreichischer Bundesverlag Wien, 1988.

Helmut Engelbrecht, Kritische Bemerkungen zur Entwicklung des österreichischen Bildungssystems von 1945 bis Anfang der sechziger Jahre, *Erziehung und Unterricht*, 1994, S.209-210.

Helmut Engelbrecht, *Erziehung und Unterricht im Bild Zur Geschichte des österreichischen Bildungswesens*, ÖBV Pädagogischer Verlag Wien, 1995.

Viktor Fadrus, *Beiträge zur Neugestaltung des Bildungswesens Zu seinem 70.Geburtstag*, Verlag für Jugend und Volk Wien, 1956.

Viktor Fadrus Jun., Lehrer schreiben ihre Schulbücher selbst-Ein Versuch zur Schulbuchentwicklung im Jahr 1920, *Erziehung und Unterricht*, 1985.

Hans Fischl, *Schulreform Demokratie und Österreich 1918-1950*, Verlag Jungbrunnen, 1950.

Stephanie Fadrus, Der Schülerbeschreibungsbogen und der Klassenbeschreibungsbogen, Entwicklung und Probleme seit 1945, Erziehung und Unterricht, 1962, S.538-545.

Carl Furtmüller, Arbeitsschule-Gemeinschaftsschule-Bildungsschule, *Erziehung und Unterricht*, 1947,S.621-629.

Carl Furtmüller, *Arbeitsschule-Gemeinschaftsschule-Bildungsschule*, Bezirkslehrerkonferenz

Manuskript, 1948, S.1-4.

Carl Furtmüller, Bildungsgedanke und Schulgestaltung, Albert Krassinnig und Anton Simonic (Hrg.), *Schule und Erziehung Beiträge zur pädagogischen Theorie und Praxis*, Österreichischer Bundesverlag Wien, Verlag für Jugend und Volk, 1951, S.13-16.

Bernd Hackl, *Die Arbeitsschule Geschichte und Aktualität eines Reformmodells*, Verlag für Gesellschaftskritik, 1990.

Ludwig Lang, *Neue Wege zur Schülererkenntnis*, Österreichischer Bundesverlag Wien, 1950.

Lexikon der Pädagogik III. Band, A. Francke AG., 1952.

Hans Matzenauer, Richard Olechowski, Leopold Rettinger, Peter Schneck, *Die Schulreform geht weiter. Vorträge und Diskussionen anläßlich des Symposions zum 50.Todestag von Otto Glöckel*, Jugend und Volk, 1985.

Jürgen Oelkers, *Reformpädagogik*, Juventa Weinheim und München, 1989.

Richard Olechowski, Schul- und Bildungspolitik während der Ersten und der Zweiten Republik, Erich Zöllner Hrg., *Österreichs Erste und Zweite Republik*, Österreichischer Bundesverlag, 1985, S.99-120.

Richard Olechowski, Die Pädagogik der Glöckelschen Schulreform und ihre Bedeutung für die neunziger Jahre, *Die Schulreform geht weiter*, 1985.

Richard Olechowski, Die Pädagogik der Glöckelschen Schulreform und ihre Bedeutung für die neunziger Jahr, *Die Schulreform geht weiter*, J&V, 1985, S.143-155.

Richard Olechowski, Die KunsterzieherInnenbewegung und die Wiener Schulreform der Zwischenkriegszeit, *Erziehung und Unterricht*, 2002, S.759-761.

Josef Scheipl, Helmut Seel, *Die Entwicklung des österreichischen Schulwesens von 1750-1938*, Leykam Verlag Graz, 1987.

Josef Scheipl, Helmut Seel, *Die Entwicklung des österreichischen Schulwesens von 1945-1987*, Leykam Verlag Graz, 1988.

Josef Scheipl, Helmut Seel, *Das österreichische Bildungswesen am Übergang ins 21.Jahrhundert*, Leykam Verlag Graz, 2004.

Hermann Schnell, Die Heimatkunde in der Bildungsschule, *Erziehung und Unterricht*, 1960, S.271-272.

Hermann Schnell, Das exemplarische Lehrverfahren — Fragen einer zeitgemäßen Stoffauswahl und Methode, *Erziehung und Unterricht*, 1962, S.445-450.

Hermann Schnell, *50 Jahre Stadtschulrat für Wien*, Jugend & Volk Wien München, 1972.

Hermann Schnell, *100 Jahre Stadtschulrat für Wien*, Jugend & Volk Wien München, 1972.

Hermann Schnell, *Die österreichische Schule im Umbruch*, J&V Wien München, 1974.

Hermann Schnell, *Bildungspolitik in der zweiten Republik*, Europaverlag Wien Zürich, 1993.

Hermann Schnell, Reformpädagogik, Bildungspolitik und Restauration der österreichischen Schule am Beginn der Zweiten Republik, *Erziehung und Unterricht*, 1994, S.215-216.

Gustav Schmidberger, Die Schülerbeschreibung, *Erziehung und Unterricht*, 1947, S.146-153.

Otto Glöckel ― Schulreformen Mythos und Wirklichkeit, Schulheft, Jugend und Volk Wien-München, 1985.

Oskar Spiel und Hans Zeman, *Der Wiener Erziehungsbogen*, Jugend & Volk, 1952.

Eva Tesar(Hrsg.), *Hände auf die Bank. Erinnerungen an den Schulalltag*, Böhlau Verlag, 1992.

Wilhelm Weinhäupl, *Pädagogik vom Kinde aus VIKTOR FADRUS-EIN LEBEN FÜR DIE SCHULREFORM*, Jugend & Volk, 1981.

Luts Wittenberg, *Geschichte der Individualpsychologischen Versuchsschule in Wien*, WUV Universitätsverlag Wien, 2002.

Leopold Zechner, Bildung und Bildungsschule, Albert Krassinnig und Anton Simonic(Hrg.), *Schule und Erziehung Beiträge zur pädagogischen Theorie und Praxis*, Österreichischer Bundesverlag Wien, Verlag für Jugend und Volk, 1951, S.11-13.

3. 日本語による論文・書籍

青木英実「1925～1932年初期論文におけるカール・R・ポパーの思想形成と『新教育』――初期教育学的諸論文と『認識論のふたつの根本問題』を中心に――」『教育哲学研究』第74号、1996年、pp.1-15。

入澤宗壽『合科教育原論』明治図書、1939年。

入澤宗壽「墺太利及びチェコ・スロバキアの新学校」『岩波講座　教育科学』第4冊、岩波書店、1932年。

小河原誠『ポパー：批判的合理主義』講談社、1997年。

上村福幸「独逸(及び墺太利)に於ける合科教授の現状」『教育思潮研究』第4巻第1輯、1940年、pp.38-136。

上村福幸「独逸に於ける綜合教授」『教育思潮研究』第14巻第1輯、1940年、pp.49-58。

梯英雄『作業主義の教育』教育研究会、1931年。

北澤種一『作業教育序説』目黒書店、1929年。

小林澄兄「労作教育学」『教育科学』第17冊、岩波書店、1933年。

小林澄兄『労作教育新論』玉川大学出版部、1948年。

小林澄兄『労作教育思想史(改版)』丸善出版、1951年。

真田幸憲『実際教育主要問題の解決』南光社、1929年。

篠原助市『欧州教育思想史(下)』玉川大学出版部、1972年(初版は相模書房出版部、1956年)。

渋谷義夫『作業教育概論』文化書房、1932年。
竹井彌七朗『労作教育学の発達』最新教育研究会、1929年。
田口晃『ウィーン――都市の近代――』岩波新書、2008年。
田花為雄「ドイツ教材統合史概説」『教育思潮研究』第14巻第1輯、1940年、pp.27-48。
田花為雄『ガウディヒ派教育学』新思潮社、1962年。
デュペルティウス「ウィーンに於ける學制改革及び統一學校」(飯田晃三訳)『教育思潮研究』第2巻第1輯、1928年、pp.358-395。
長尾十三二編『新教育運動の生起と展開』(世界新教育運動選書別巻1)明治図書、1988年。
長尾十三二編『新教育運動の理論』(世界新教育運動選書別巻2)明治図書、1988年。
長尾十三二編『新教育運動の歴史的考察』(世界新教育運動選書別巻3)明治図書、1988年。
ヘルマン・ノール著、平野正久、大久保智、山元雅弘著訳『ドイツの新教育運動』明治図書、1987年。
山﨑高哉『ケルシェンシュタイナー教育学の特質と意義』玉川大学出版部、1993年。
手塚甫「オーストリアにおける近代教育改革運動史序説」『北里大学教養部紀要』第28号、1994年、pp.212-230。
手塚甫「オーストリアにおける教育改革運動と教員の組織化」『早稲田大学社会科学討究』1995年、pp.1035-1064。
手塚甫「オーストリアにおける近代教育改革運動史序説」『北里大学教養部紀要』第28号、1994年、pp.212-230。
手塚甫「オーストリアにおける教育改革運動と教員の組織化」『早稲田大学社会科学討究』1995年、pp.1035-1064。
手塚甫「オットー・グレッケルと教育改革」『北里大学一般教育紀要』第7号、2002年、pp.98(1)-85(14)。
対馬達雄「ペーターゼンにおけるゲマインシャフトの理念と学校共同体の形成」『教育学研究』第54巻第2号、日本教育学会、1987年6月、pp.145-155。
文部省実業学務局調査室『墺太利ノ新教育制度』1934年。
矢田俊隆『オーストリア現代史の教訓』刀水書房、1995年。

あとがき

　本書は、京都大学大学院教育学研究科に提出され、2007年11月に博士(教育学)を授与された論文「戦間期オーストリアの学校改革――労作教育の理論と実践――」に加筆・修正を行ったものである。刊行に際しては、平成21年度日本学術振興会科学研究費補助金・研究成果公開促進費(学術図書)の交付を受けた。また、本書を完成させるまでに、平成16年度日本学術振興会科学研究費補助金(特別研究員奨励費)および平成18-20年度同(若手研究(B))を受けることで、オーストリアでの調査が可能になった。

　京都大学教育学部の卒業論文で、戦間期オーストリアの学校改革についての研究を始めたのは、筆者の最初の大学である上智大学文学部ドイツ文学科在籍中、ザルツブルクに留学した際に、20世紀末オーストリアの文学・美術・建築に興味を持ったのがきっかけである。ユーゲントシュティール(Jugendstil)として、今も街並みに美しく残る建築や美術作品、演劇に見られるあの時代のウィーンで、どのような人間形成が行われていたのか。それを文学や芸術という選ばれた者たちの足跡からではなく、市井の人々の営みである教育という地平から知りたい。そういう素朴な疑問から始めた研究であった。厳密にいえば、世紀末と1920年代では時代が少しずれるものの、世紀末から活動を始めていたグレッケルらの教育改革を、ウィーンの街並みやオーストリア人の気質を思い浮かべながら調べていくと、教育に情熱を傾けた、またその教育を受けた歴史上の有名無名の人々に励まされる思いが何度もしたものである。

　研究を少しずつ進めるうちに、わたしのこの拙い研究が教育学において、また社会においてどのような意味を持つのかということを自問自答するように

なった。しかしまた、矛盾するようではあるが、そのような問いをひとまずは心の中にとどめておき、グレッケルとその仲間たちの改革の諸相を丁寧に描くことを心がけてもきた。経済成長が見込めず、複雑で解決の容易ならざる問題が世界を席巻し、それゆえに教育の役割が肥大化する現代において、グレッケルらのおこなった改革の方法、その教育の内容及び方法は、教育とは何か、学校とは何かということを、具体的に問い直す示唆に富んでいる。このことを、本書を世に出すときになってようやく考え至るようになったが、本文内ではその点に十分言及することができなかった。読者に忌憚のないご批判を賜ることができれば幸甚である。

　教育学の基本的知識を持たない私が、ここまでなんとか研究を続けてこられたのは、多くの人々のご指導と励ましのおかげである。以下に記すことで感謝の意を表したい。
　京都大学大学院教育学研究科では教育方法学講座に所属し、天野正輝先生、田中耕治先生、松下佳代先生（高等教育研究開発推進センター）、西岡加名恵先生にご指導いただいた。
　天野正輝先生には、歴史研究の基本を教わった。歴史研究は、強い問題意識を持って、時間と足を使ってするものだという先生の教えが、私の研究姿勢の柱である。またその姿勢を実現できたのは、田中耕治先生のご指導と励ましがあったからである。博士後期課程1年生の時に、先生とご一緒したドイツ研修旅行の際、最後に立ち寄ったウィーン大学の図書館で「ここで一年研究することができれば素敵なことだね」と、何事にも慎重な私に先生は語りかけられた。
　松下佳代先生と西岡加名恵先生にも多くのご指摘をいただいた。両先生は、教育方法研究室の先輩でもあり、また女性研究者として非常に学ぶことが多い、私の憧れである。
　ケルシェンシュタイナー研究の山﨑高哉先生にはご指導いただいたのみならず、日本の労作教育研究に関する貴重な史料をご提供いただいた。学外においては、豊田ひさき先生や近藤孝弘先生にも幾度も論文を読んでいただき、貴重なご意見をいただいた。

先の田中耕治先生の言葉に背中を押されるようにして、2003年10月から1年間、京都大学が大学間学術交流協定を結ぶウィーン大学教育学研究科に留学をすることができた。ウィーン大学では、先行研究者であるリヒャルト・オレヒョフスキー教授に受け入れていただいた。また同じくウィーン大学教育学研究科のカール・ハインツ・グルーバー教授は、研究科内に私専用の研究室を用意してくださった。そのおかげで、留学中に、本書の元になった博士論文の下書きを完了することができた。また、グルーバー先生には、大切なご友人である先行研究者のオスカー・アックス氏をご紹介いただいた。アックス氏は私の拙いドイツ語を忍耐強く聞いてくださり、幾度も論文の構想や質問に答えてくださった。また本書で使用した資料のいくつかはアックス氏より提供いただいた。
　本研究で使用した雑誌記事などの一次資料は、ウィーン大学図書館や教育学研究科図書室およびオーストリア教育省内の図書館で収集した。教育省内図書館の司書のイングリッド・ヘフラー氏には、修士課程1年生の時に初めて同図書館に足を踏み入れて以来、ずっとお世話になっている。またヘフラー氏から、先行研究者であり、ウィーン大学名誉教授のヘルムート・エンゲルブレヒト先生をご紹介いただいた。エンゲルブレヒト先生も同図書館で幾度も筆者の質問に答えてくださった。
　ウィーン大学留学時に、研究に行き詰れば、しばしば訪ねたところがある。ザルツブルクへの最初の留学以来15年の付き合いになるヨゼフ＆カトリーナ・ツェーマン夫妻宅である。本書に使用したグレッケル通りの写真は彼らの協力により撮影できたものである。
　最後になったが、本書の刊行に際しては、東信堂の下田勝司さんに大変お世話になった。出版事情の厳しい中にあって、無名の若手研究者の作品を出そうと言ってくださったときの一本の電話は忘れられない。心より御礼申し上げる。
　そして、これまで終始、私を支えてくれた両親に感謝の意を表したい。

2010年1月

伊藤　実歩子

事項索引

【欧】

PISA（The Programme for International Student Assessment）	iii, 161
『Die Quelle』	58, 59, 64
『Erziehung und Unterricht』	64, 140
『Schulreform』	58

【あ行】

赤いウィーン	4
イエナ・プラン	110
ウィーン教育研究所	51, 54, 58, 107
――附属学校	55-57
ウィーン教育庁	8, 15, 36, 42, 51, 102, 114, 141, 144
ウィーン教員会議	141, 143, 144, 148
ウィーン教員組合	132, 133, 135, 144
ウィーンの学級読本	31
ウィーン病	4
内なる改革	8, 11, 14, 19, 23, 151, 155
オーストリアのマルクス主義	36
オーストリア・ファシズム（政権）	5, 22, 42

【か行】

改革教育学	iv, 5, 12, 65
学習学校	12, 25, 35
学級記述式評価	134, 135, 150
学校改革局	4, 21, 36, 63, 105, 155
学校の一般構造に関する指針	4
学校モデル	65
活動主義	91
カリキュラムの編成原理	27, 28
観察	87, 89, 93
観賞	87, 89
記述式評価	121, 122, 125, 129, 133, 142, 150
ギムナジウム	9
教育省	15, 19, 132, 133, 135

教育中央図書館	58
教育のメッカ	iii, 21
教育評価	135, 136, 150
教員アカデミー	51, 102, 103
教員資格	50
教員図書シリーズ	59
教員養成改革	15, 105, 155
(教員養成の)一般教育	49, 50
(教員養成の)専門教育	49, 50, 52
教員養成の新編成への指針	49
教科書開発	30, 156
教科としての労作教育	70, 71
共通質問項目	125, 127, 130-132, 136, 159
共同体学校	106, 111, 140, 142, 145
共同体教育	106, 107, 112
郷土化（――の原則）	11, 26, 29, 35, 91, 139, 147
郷土・生活科(郷土科)	27, 34, 88, 91
キリスト教社会党	10, 32, 36
グレッケル学校	8, 34
グレッケル賞	22
経験主義教育	iv
経済的価値	73, 74, 77, 78
現職教育	49, 50
合科教授(合科)（――の原則）	11, 27-29, 89, 139
公民教育	75, 76, 84
個人内評価	131
子どもからの教育	iv, 5, 161

【さ行】

再生産の労作	73
作業教授	70
作業計画	28
時間割廃止	32
自己活動	66, 79, 81, 82, 88, 108, 111, 122, 139, 157
――によって自立へ	81, 82
自己探究と自己発見	81
自己評価	114-117, 131, 132, 133, 159

実験学級	12, 23, 37, 60
実践的段階	87, 99, 101, 124, 157
実践モデル	91
社会民主主義	35, 36
社会民主党	4, 10, 20, 49, 141, 145, 156
自由記述による記述式評価（自由記述による評価、自由記述式評価）	127, 131, 136, 159
自由な労作	81
手工教授	66
主知主義	151
出席率	37
少人数学級編成	37
職業陶冶	75, 76, 84
人格教育	66, 76, 80
人格形成	76, 77, 157
新教育運動	iv, 5
図面と地図	91, 101, 157
生産学校	72
生産性	72
成人教育	148
精神的・身体的活動	69, 74, 82, 108, 148
精神の労作	87, 88, 157
生徒自治	109
青年教師運動	13, 20
前期中等教育段階	14
総合技術教育	66
相互評価	117

【た行】

大正自由教育	iv
大ドイツ党	36
態度欄評定	113, 129, 130
直観教授	89
徹底学校改革者同盟	66
統一学校	8, 11, 149
陶冶学校	139, 142, 143, 145, 146, 148, 159, 160
読本	156
ドリル学校	12, 25, 35

ドルトン・プラン　　　　　　　　　　　　　　　　　111, 112

【な行】
ナトルプシューレ　　　　　　　　　　　　　　　　40, 42
人間陶冶　　　　　　　　　　　　70, 73-78, 81, 84, 108, 109, 148
能力観　　　　　　　　　　　　　　　　　　　　　129, 136

【は行】
把握の労作　　　　　　　　　　　　　　　　　　87, 97, 157
ハウプトシューレ　　　　　　　　　　　　　　　　　　11
発問　　　　　　　　　　　　　　　　　　　　　　　　88
ハプスブルク　　　　　　　　　　　　　　　　　　　　3
反復練習　　　　　　　　　　　　　　　　　　　　34, 101
評価　　　　　　　　　　　　　90, 97, 115, 118, 122, 133, 136
　　──観　　　　　　　　　　　　　　　　　　　　　129
　　──改革　　　　　　　　　　　15, 113, 118, 121-123, 159
表現の労作　　　　　　　　　　　　　　　　　87, 88, 97, 157
フォルクスシューレ　　　　　　　　　　　　　　　　　9
分科　　　　　　　　　　　　　　　　　　　　　28, 29, 89
分岐制　　　　　　　　　　　　　　　　　　　　　29, 130
方法としての労作教育　　　　　　　　　　　　　　　70, 71
ホッホシューレ　　　　　　　　　　　　　　　　　　50

【ま行】
マトゥーラ　　　　　　　　　　　　　　　　　　　　148
民主主義学校　　　　　　　　　　　　　　　　　　　　9
モンテッソーリ教育　　　　　　　　　　　　　　　　111

【や行】
ユーゲントウントフォルク社　　　　　　　　　　　　　30
読み・書き・計算　　　　　　　　　　　　　12, 34, 70, 100

【ら行】
落第率　　　　　　　　　　　　　　　　　　　　　　37
レーアプラン　　　　　　　　　　　　　　　22, 24, 139-141
　　──改革　　　　　　　8, 11, 15, 19, 23, 105, 106, 122, 155, 156
　　──の解説　　　　　　　　　　　　　　　　　　　26

——の三つの原則　　　　　　　　　　　　　　　　　　　　　　　　　14, 30
労作学校　　　　　　　　　　　　　　　8, 12, 35, 63, 66, 107, 111, 140, 142, 145
労作教育　　　　　　　　　　　　　　　　　　　　70, 82, 107, 118, 121, 146
『労作教育学』　　　　　　　　　　　　　　　　13, 15, 63, 67-69, 75, 85, 86, 107
労作共同体　　　　　　　　15, 105, 107, 110, 112, 113, 119, 123, 131-133, 135, 158
『労作・生活共同体としての学級の実践と理論』　　　　　　105, 106, 111, 114, 115
労作への教育　　　　　　　　　　　　　　　　　　　　　　　　　　　　　　70
労働者階級　　　　　　　　　　　　　　　　　　　　　　　　　4, 10, 20, 151, 156

人名索引

アックス, オスカー（Oskar Achs）	8, 14, 105, 122, 145
アドラー, アルフレッド（Alfred Adler）	52
アドラー, マックス（Max Adler）	36, 122
入澤宗壽	68, 69, 85
ヴィードリンク, ヴァルター（Walter Wiedling）	30
ヴィトゲンシュタイン, ルートヴィヒ（Ludwig Wittgenstein）	52
上村福幸	7, 17
エストライヒ, パウル（Paul Oesterich）	65
エルカース, ユルゲン（Jürgen Oelkers）	5, 32
エンゲルブレヒト, ヘルムート（Helmut Engelbrecht）	14, 36, 140-142
オレヒョフスキー, リヒャルト（Richard Olechowski）	12, 14, 142, 143
ガウディヒ, ヒューゴ（Hugo Gaudig）	65-67, 75-80, 82, 157
ガスナー, ハインリヒ（Heinrich Gassner）	144
北澤種一	68
グレッケル, オットー（Otto Glöckel）	4, 15, 20-26, 32-39, 47-52, 58-60, 101, 144, 155, 156, 158, 160, 169-171
ケルシェンシュタイナー, ゲオルク（Georg Kerschensteiner）	65, 67, 75-79, 84, 157
ケルゼン, ハンス（Hans Kelsen）	52
小林澄兄	63, 65, 69, 78, 79, 85, 157
コメニウス, ヨハン・アモス（Johann Aomos Comenius）	18
ザイツ, カール（Karl Seitz）	51
ザイデル, ロバート（Robert Seidel）	65
ジーグル, メイ・ホリス（May Hollis Siegl）	6, 38, 40, 101, 102
篠原助市	68
シャイプナー, オットー（Otto Scheibner）	80
シャレルマン, ハインリヒ（Heinrich Scharrelmann）	18
シュタイシュカル, テオドール（Theodor Steiskal）	47, 107, 115, 123, 129, 130
シュネル, ヘルマン（Hermann Schnell）	140, 142, 144, 147, 150, 151
シュピール, オスカー（Oskar Spiel）	144
シュミットベルガー, グスタフ（Gustav Schmidberger）	135
竹井彌七朗	68, 69, 85
田花為雄	13, 68, 79
ツェヒナー, レオポルト（Leopold Zechner）	148
デューイ, ジョン（John Dewey）	iv

索 引

ドットレンス, ロバート (Robert Dottrens)	6
ドルフス, エンゲルベルト (Engelbert Dollfuss)	22
ノール, ヘルマン (Herman Nohl)	65
バウアー, オットー (Otto Bauer)	36
ハックル, ベルント (Bernd Hackl)	66, 86
バッティスタ, ルートヴィヒ (Ludwig Battista)	23, 24, 91
パパネック, エルンスト (Ernst Papanek)	6
ビューラー, カール (Karl Bühler)	51, 122
ビューラー, シャルロッテ (Charlotte Bühler)	51, 122
ファドゥルス, ヴィクトア (Viktor Fadrus)	8, 12, 23, 30, 51, 59
フィヒテ, ヨハン・G (Johann Gottlieb Fichte)	18
ブルガー, エドゥアルト (Eduard Burger)	23, 24, 59, 63, 84, 102, 106, 123, 124, 157
フルトミュラー, カール (Carl Furtmüller)	105, 108, 145, 147, 148
フレーベル, フリードリッヒ・W・A (Friedlich Wilhelm August Fröbel)	18, 65
フロイト, ジークムント (Siegmund Freud)	122
ブロンスキー, パヴェル・ペトロヴィッチ (Pawel Petrowitsch Blonskij)	65, 74, 83
ペーターゼン, ペーター (Peter Petersen)	110
ペシュル, ヨゼフ・F (Josef F. Pöschl)	91
ペスタロッチ, ヨハン・ハインリヒ (Johann Heinrich Pestalozzi)	18, 65
ボイヤー, ルートヴィヒ (Ludwig Boyer)	64
ポパー, カール (Karl R. Popper)	52
マルティナク, エドゥアルト (Eduard Martinak)	23
モンテッソーリ, マリア (Maria Montessori)	112
ラング, ルートヴィヒ (Ludwig Lang)	133, 136, 144
ラング, レオポルト (Leopold Lang)	23
リンケ, カール (Karl Linke)	23, 31, 53
ルエーガー, カール (Karl Lueger)	20
ルソー, ジャン・ジャック (Jean-Jacque Rousseau)	18
レール, ヨゼフ (Josef Lehrl)	144
レンナー, カール (Karl Renner)	4

[著者紹介]

伊藤 実歩子（いとう みほこ）

1974年生まれ。甲南女子大学人間科学部准教授。博士（教育学）。京都大学大学院教育学研究科博士後期課程研究指導認定退学。主な著書に『人物で綴る戦後教育評価の歴史』（共著、三学出版、2007年）、『よくわかる教育課程』（共著、ミネルヴァ書房、2009年）、『時代を拓いた教師たちⅡ——実践から教育を問い直す——』（共著、日本標準、2009年）など。

Die Österreichische Schulreform der Zwischenkriegszeit

–Theorie und Praxis der Arbeitsschule–

戦間期オーストリアの学校改革―労作教育の理論と実践　　＊定価はカバーに表示してあります
2010年2月10日　　初　版　第1刷発行　　　　　　　　　　　　　〔検印省略〕

著者©伊藤実歩子　　発行者　下田勝司　　　　　印刷・製本／中央精版印刷
東京都文京区向丘1-20-6　　郵便振替00110-6-37828
〒113-0023　TEL(03)3818-5521　FAX(03)3818-5514　　株式会社　東信堂

Published by TOSHINDO PUBLISHING CO., LTD
1-20-6, Mukougaoka, Bunkyo-ku, Tokyo, 113-0023, Japan
E-mail：tk203444@fsinet.or.jp

ISBN978-4-88713-962-6　C3037　©Ito Mihoko

東信堂

比較教育学——越境のレッスン	馬越徹	三六〇〇円
比較教育学——伝統・挑戦・新しいパラダイムを求めて	M・ブレイ編 馬越徹・大塚豊監訳	三八〇〇円
世界の外国人学校	末藤美津子他編著	三八〇〇円
ヨーロッパの学校における市民的社会性教育の発展——フランス・ドイツ・イギリス	福田誠治編著	三八〇〇円
世界のシティズンシップ教育——グローバル時代の国民／市民形成	新井浅孝典編著	三八〇〇円
市民性教育の研究——日本とタイの比較	嶺井明子編著	二八〇〇円
多様社会カナダの「国語」教育（カナダの教育3）	平田利文編著	四二〇〇円
国際教育開発の再検討——途上国の基礎教育普及に向けて	関口礼子編著	三八〇〇円
アメリカの教育支援ネットワーク——ベトナム系ニューカマーと学校・NPO・ボランティア	澤田敬人介編著	二四〇〇円
中国教育の文化的基盤	小川佳万編著	二四〇〇円
中国大学入試研究——変貌する国家の人材選抜	西村幹子編著	二八〇〇円
大学財政——世界の経験と中国の選択	北村友人編著	二四〇〇円
中国の民営高等教育機関——社会ニーズとの対応	野津隆志編著	二九〇〇円
「改革・開放」下中国教育の動態	顧明遠著 大塚豊訳	三六〇〇円
中国の職業教育拡大政策——背景・実現過程・帰結	大塚豊監訳	三四〇〇円
中国の後期中等教育の拡大と経済発展パターン——江蘇省と広東省の比較	呂煒編著 成瀬龍夫監訳	三六〇〇円
中国高等教育の拡大と教育機会の変容——江蘇省の場合を中心に	鮑威著	四六〇〇円
バングラデシュ農村の初等教育制度受容	阿部洋編著	五四〇〇円
オーストラリア学校経営改革の研究——自律的学校経営とアカウンタビリティ	劉文君著	五〇四八円
オーストラリアの言語教育政策——多文化主義における「多様性と」「統一性」の揺らぎと共存	呉琦来著	三八二七円
マレーシア青年期女性の進路形成	日下部達哉著	三九〇〇円
「郷土」としての台湾——郷土教育の展開にみるアイデンティティの変容	佐藤博志著	三八〇〇円
戦後台湾教育とナショナル・アイデンティティ	青木麻衣子著	三八〇〇円
	鴨川明子著	四七〇〇円
	林初梅著	四六〇〇円
	山﨑直也著	四〇〇〇円

〒113-0023 東京都文京区向丘1-20-6
TEL 03-3818-5521 FAX 03-3818-5514 振替 00110-6-37828
Email tk203444@fsinet.or.jp URL:http://www.toshindo-pub.com/

※定価：表示価格（本体）＋税